Deutschlandismen in den
Lernerwörterbüchern

Europäische Hochschulschriften

European University Studies

Publications Universitaires Européennes

Reihe XXI   **Linguistik**

Series XXI   Linguistics

Série XXI   Linguistique

Volume/Band **388**

Chiara Scanavino

Deutschlandismen in den Lernerwörterbüchern

Bibliografische Information der Deutschen Nationalbibliothek
Die Deutsche Nationalbibliothek verzeichnet diese Publikation in der Deutschen
Nationalbibliografie; detaillierte bibliografische Daten sind im Internet über
http://dnb.d-nb.de abrufbar.

Gedruckt auf alterungsbeständigem,
säurefreiem Papier.

ISSN 0721-3352
ISBN 978-3-631-66206-9 (Print)
E-ISBN 978-3-653-05255-8 (E-Book)
DOI 10.3726/978-3-653-05255-8

© Peter Lang GmbH
Internationaler Verlag der Wissenschaften
Frankfurt am Main 2015
Alle Rechte vorbehalten.
PL Academic Research ist ein Imprint der Peter Lang GmbH.
Peter Lang – Frankfurt am Main · Bern · Bruxelles · New York · Oxford · Warszawa · Wien

Diese Publikation wurde begutachtet.

www.peterlang.com

Inhalt

Einleitung

Im Jahre 1995 wurden 21 Austriazismen (Vgl. D4. und ff.) – darunter auch *Marille* und *Erdapfel* – von der EU anerkannt. Damit wurde eine Diskussion über die *Plurizentrik* (Plurizentrizität) (Vgl. Schmidlin 2011) der deutschen Sprache – die bereits mit zwei Aufsätzen von Michael Clyne (1984 und 1992) begonnen hatte – intensiviert: Wie Englisch, Französisch und manch andere Sprachen auf der Welt ist das Deutsche ebenfalls eine plurizentrische Sprache, die aus drei staatlichen[1] Varietäten (schweizerisches, österreichisches und deutsches Standarddeutsch[2]) besteht.

In der vorliegenden Arbeit wird untersucht, wie die oben genannten Varietäten – insbesondere die deutsche – in den einsprachigen Wörterbüchern des Deutschen (sowohl für Muttersprachler als auch Lernerwörterbücher) repräsentiert werden: In Ammon (2004) wird bereits darauf verwiesen, dass die Wörterbücher die *Vielfalt des Deutschen* (Schmidlin 2011) nicht ausreichend detailliert darstellen, da sie zu sehr an der Standardsprache Deutschlands orientiert sind. Daraus folgt, dass die Benutzer aus der Schweiz und Österreich Schwierigkeiten bei der Erkennung der Varianten der Standardvarietäten ihrer Länder haben, weil die sogenannten Teutonismen[3] nicht als solche markiert werden. Darüber hinaus stellen die staatlichen Varietäten des Deutschen ein Problem für DaF-Lerner[4] dar, da im Unterricht häufig auf diese nicht gezielt aufmerksam gemacht wird. Nach Ammon sollen aus diesem Grund Deutschlandismen[5] künftig in Wörterbücher aufgenommen werden.

Ziel der Untersuchung ist zu überprüfen, welche Merkmale die Standardsprache Deutschlands aufweist, und wie die nationalen Varietäten des Deutschen in

---

1   Hier wird „staatlich" anstelle von „national" verwendet, weil dieser letzte Begriff auch als „primär kulturellen oder ethnischen Einheit" gelten kann.
2   In dieser Arbeit werden die Termini von Clyne (1992) aufgenommen, obwohl sie – besonders im Fall der Bezeichnung der Standardvarietät Deutschlands, die etwas tautologisch erscheint – problematisch sind.
3   Vgl. E5.1. Für Variante, Varietät, Standardvarietät und Standardsprache s. A3.
4   Hier werden sowohl männliche als auch weibliche Lerner verstanden.
5   Hier gilt dieser Begriff als Synonym für Teutonismus. Für weitere Erklärungen s. E5.1.

den Wörterbüchern – besonders für Lerner des Deutschen als Fremdsprache – vorkommen sollen. Zuerst wird mittels der jüngeren Forschungsliteratur, der Wörterbücher für Muttersprachler und für DaF-Lerner[6], und des *Corpus Search and Management System* (COSMASII)[7], durchgeführt, um zu bestimmen, welche Ausdrücke diatopisch markiert werden sollten. Danach werden das *Langenscheidt Großwörterbuch Deutsch als Fremdsprache* (2008) und das *De Gruyter Wörterbuch Deutsch als Fremdsprache* (Kempke 2000) quantitativ untersucht, um zu klären, wie die nationalen Varietäten des Deutschen dargestellt werden, und welche Mängel sie andererseits aufweisen. Schließlich wird gezeigt, wie die heutigen Lernerwörterbücher elaboriert werden könnten, um sie noch benutzer- und benutzungsorientierter zu gestalten. Viele lexikographischen Studien – darunter auch Marello (1989) und Welker (2010) – zeigen, dass die meisten Benutzer Laien sind, und dass sie Probleme bei der Suche eines Stichworts (besonders bei polysemischen Wörtern und bei festen Verbindungen) haben, weil der Umgang mit Wörterbüchern in den Schulen normalerweise nicht vermittelt wird. Eben wird im Kapitel 4 gezeigt, wie nationale Varietäten im enzyklopädischen Lernerwörterbuch der deutschen Sprache repräsentiert werden sollten.

Ich bedanke mich besonders bei Herrn Prof. Dr. Ulrich Ammon für die Idee meiner Arbeit und bei Herrn Prof. Dr. Elmar Schafroth, der mir bei der Gliederung dieser Arbeit sehr behilflich war. Schließlich danke ich allen, die direkt oder indirekt zu dieser Arbeit beigetragen haben.

---

6   Bei dieser Arbeit wird aus Gründen der Lesbarkeit immer nur die männliche Form verwendet. Natürlich werden aber auch Frauen gemeint.

7   Vgl. E2.4.

A. Begriffsbestimmungen

1. Plurizentrismus, Plurizentrizität, Plurizentrik

Die Debatte um die Plurizentrik der Sprachen begann bereits in der 1950er Jahren hinsichtlich des Englischen aufgrund der Studien der amerikanischen Linguisten William A. Stewart und Heinz Kloss[1]: Während sie zu Beginn den Terminus *polyzentrische Sprache* verwendeten, so wurde dieser wegen der späteren Kritik 1978 von Heinz Kloss in *plurizentrische Sprache* umgeändert, um hervorzuheben, dass eine Sprache nicht einheitlich ist. Sie tritt in verschiedenen Orten (*Zentren*) auf und variiert nicht nur hinsichtlich der jeweiligen geographischen Lage, sondern darüber hinaus aufgrund verschiedener politischer, wirtschaftlicher, militärischer oder demographischer Funktionen der einzelnen (Sprach-) Zentren, deren Sprache kodifiziert sein muss (vgl. A3). Daraus folgt, dass die Zentren normalerweise Staaten sind, die in mehrere substaatliche Zentren, wie z. B. Bayern für die deutsche Sprache, unterteilt werden können (Vgl. Ammon 1995: 95). Aus diesem Grund sprechen manche Wissenschaftler von plurinationalen Sprachen, wobei der Begriff ‚Nation' als Synonym für ‚Staat' verwendet wird. Das Adjektiv *plurizentrisch* ist trotzdem zu favorisieren, weil es zur Situation der deutschen Sprache besser passt. Eine Sprache muss nicht unbedingt mit einer Nation verknüpft sein. Zudem stimmt die Verbreitung der Dialekte nicht immer mit den Staatsgrenzen überein: Manche Eigenheiten des Schweizerdeutschen werden auch im Südwesten Deutschlands verwendet und einige Charakteristika des Bairischen sind auch in Österreich gängig (Zu der Situation in der Schweiz, vgl. Ammon 1995: 229–316, Di Paolo 2000, Koller 2000, Hägi 2005 und Wiesinger u. a. 2009: 259–277; zu Österreich, vgl. Ammon 1995: 117–227, Muhr 1995, Wiesinger 2000, Muhr 2003 und Wiesinger u. a. 2009: 229–257). Außerdem kann das Substantiv *Nation* als „primär kulturelle[ ] oder ethnische[ ] Einheit" verstanden werden. Das entspricht jedoch nicht der

---

1 In der Germanistik spricht man seit der Publikation *Language and Society in the German-speaking Countries* des australischen Germanisten Michael Clyne im Jahre 1984 von plurizentrischen Sprachen. Die Diskussion über die Plurizentrik des Deutschen wurde jedoch mit dem berühmten Aufsatz *Pluricentric Languages: Differing Norms in Different Nations*, Clyne (1992), intensiviert.

Situation der deutschen Sprache, da die Standardsprache in Ländern wie der Schweiz „[…] wenig mit der nationalen Identifizierung zu tun [hat]" (Polenz 1999: 412). Um solche Missverständnisse zu vermeiden, wird hier den Begriff von Heinz Kloss (1978) aufgenommen.

Beispiele für plurizentrische Sprachen sind das Englische, das Französische, das Spanische oder das Italienische, obwohl letzteres nur in Italien und im Kanton Tessin gesprochen wird (Vgl. Muhr 2003: 8–ff.). Im Gegenteil dazu sind das Polnische und manche anderen Sprachen wie Dänisch monozentrisch. Daraus folgt, dass jede Sprache, die zumindest in zwei Ländern verwendet wird, zu den plurizentrischen Sprachen gehört.

Anzumerken sei, dass es unter den Kategorisierungen (monozentrische vs. plurizentrische Sprachen) oftmals fließende Grenzen gibt: Eine monozentrische Sprache kann plurizentrisch orientiert sein, wie z. B. Serbo-Kroatisch. Umgekehrt kann eine plurizentrische Sprache monozentrisch orientiert sein (s. Französisch) (Vgl. Ammon 1995: 46 und Muhr 2003: 5–12). In diesem Fall sprechen Linguisten – s. z. B. Clyne (1995) und Clyne (1995a) – von *Asymmetrie* der plurizentrischen Sprachen. Dieses Merkmal charakterisiert vor allem Sprachen wie das Englische[2], das Spanische[3], das Französische und viele anderen internationalen Sprachen[4]. Eine Asymmetrie unter den Zentren gibt es auch im Deutschen: Da die Mehrheit der deutschen Muttersprachler in Deutschland lebt, die deutsche Wirtschaft europaweit führend ist und der Einfluss des Aussprachewörterbuchs von Theodor Siebs am größten ist – obwohl die letzte Auflage im Jahre 1969 veröffentlicht wurde und demnach nicht aktuell sein kann, wird die Standardsprache Deutschlands als überregional und übernational empfunden.

Merkmal der plurizentrischen Sprache ist ein Variationsgrad (die Plurizentrik oder Plurizentrizität) (Vgl. Schmidlin 2011: 4–ff.), der sich nicht nur auf den Wortschatz beschränkt, sondern ebenfalls die Aussprache, Grammatik, Pragmatik, Tonhöhe und den Akzent beeinflusst. Deswegen sind plurizentrische Sprachen nach Muhr (2003: 1) „[…] ein spezieller Typ von Sprachen, der gewissermaßen

---

2   Dabei gilt nur die britische, amerikanische und australische Varietät als Standard.
3   Kastilisch hat einen höheren Stellenwert sowohl auf anderen Dialekte, wie z. B. Aragonisch oder Galizisch, als auch auf das Spanische in Mexiko und in Lateinamerika.
4   Internationalen Sprachen (z. B. Deutsch, Japanisch, Italienisch) unterscheiden sich von den Weltsprachen (z. B. Englisch, Französisch, Spanisch) in der Anwendungssituation: Internationalen Sprachen können nur unter bestimmten Umständen als Lingua Franca verwendet werden, auch wenn sie normalerweise zu den meist gesprochenen Sprachen gehören. Vgl. dazu den Vortrag von Herrn Prof. Dr. Ulrich Ammon am 11.07.2014 an der Universität Duisburg-Essen.

eine Zwischenstufe zwischen einer „Sprache" und einem „Dialekt" darstellt". Dennoch sei zu betonen, dass solche Sprachen keine Dialekte sind, weil sie normalerweise als Amtssprache oder ko-offizielle Sprache eines Staates fungieren oder die Sprache einer anerkannten Minderheit sind (Vgl. B3).

Wichtig ist, dass plurizentrische Sprachen nicht unter dem Prozess der Destandardisierung leiden, da sie nur dezentralisiert werden (Vgl. Schmidlin 2011: 22–ff. und Einleitung): Obwohl das deutsche Deutsch als Standard gilt, sind das österreichische und das schweizerische Deutsch keine fehlerhaften Abweichungen von der Norm, sondern nur drei Varietäten derselben Sprache. Aus allen oben genannten Gründen werden in diesem Kapitel – neben den Begriffen *Varietät*, *Variante*, *Standardvarietät*, *Standardvariante*, *Sprache* und *Standardsprache* – auch die Unterschiede zwischen Sprache und Dialekt erklärt.

1.1 Die Zentren der deutschen Sprache

Ammon (2000) unterscheidet drei Typen von Zentren:

1. Vollzentren (Deutschland, Österreich und die Schweiz);
2. Halbzentren (Elsass-Lothringen, Liechtenstein, Luxemburg, Namibia, Ostbelgien, Rumänien und Südtirol);
3. Sprachinseln (Brasilien, Italien, Polen, Wisconsin [USA], Russland, usw.).

In den *Vollzentren* ist Deutsch Amtssprache und wird kodifiziert, d. h. die Sprache folgt den Kriterien in 1.2.2. Zu dieser Gruppe gehört auch die Schweiz, obwohl es umstritten ist, ob Schwyzerdütsch eine eigenständige Sprache ist (Vgl. A3.1 und S. 73).

Im Gegensatz zu den *Vollzentren* ist das Deutsche in den *Halbzentren* ko-offizielle oder regionale Amtssprache und nicht binnenkodifiziert. Diese Zentren haben ständige Kontakte mit den Vollzentren und besitzen keine eigene Varietät, zumal es nur eine Frage des Wortschatzes ist: In diesen Ländern orientiert sich die Sprache am *Duden* oder dem *Österreichischen Wörterbuch der deutschen Standardsprache*, welche beide in Deutschland und Österreich publiziert sind.

Schließlich zählen zu den *Sprachinseln* alle Länder, in denen Deutsch nicht die Amtssprache ist, und die nicht in Kontakt zu den Vollzentren stehen. Daraus ergibt sich, dass die deutsche Sprache sich hier nicht weiterentwickelt hat und – da sie konservative Züge aufweist – schwer verständlich ist.

Diese Klassifizierung ist trotzdem problematisch, weil die Grenzen zwischen den verschiedenen Typen der Zentren oft fließend sind, vor allem weil die Anzahl der Sprecher eine wichtige Rolle spielt. Deswegen ist es nicht eindeutig, ob die Schweiz als ein Voll- oder Viertelzentrum des Deutschen verstanden werden soll (Deutsch ist hier nur ko-offizielle Amtssprache gemeinsam mit Französisch, Italienisch und Rätoromanisch), und ob Polen (wo Deutsch die Sprache einer anerkannten Minderheit vor allem in Schlesien und Masuren ist) ein Viertelzentrum oder gar kein Zentrum des Deutschen ist. Aus diesem Grund hat Ammon selbst seine Gliederung weiterbearbeitet: Zunächst hat er zwischen *Halbzentren* und *Viertelzentren* unterschieden, und hat dann den Begriff *Sprachinsel* durch *kein Zentrum* ersetzt, weil dieser zu der Theorie der plurizentrischen Sprachen besser passte. Daraus folgt, dass es nach Ammon folgende Typen von Zentren gibt:

1. Vollzentren
2. Halbzentren
3. *Viertelzentren* (wo Deutsch die Sprache einer anerkannten Minderheit ist. Z. B. Rumänien, Elsass-Lothringen, Polen)
4. *Keine Zentren* des Deutschen (Sprachinseln)

Aufgrund der Sprachökonomie und der Verständlichkeit wird für diese Arbeit das Wort *Sprachinsel* anstelle von *keine Zentren* weiterhin verwendet.

2. Varietät, Variante, Standardvarietät/Standardvariante

In Kretschmer (1918) wird der folgende Sketch präsentiert:

Ein Berliner tritt in einen Laden in Wien und verlangt eine *Reisemütze*. Der Verkäufer berichtigt ihn: ,*Sie wünschen eine Reisekappe*' und legte ihm einige vor. Der Berliner bemerkt: ,*Die bunten liebe ich nicht*'. Der Verkäufer übersetzt dies in seinem Deutsch: ,*Die Farbigen gefallen ihm nicht*'. Denn der Wiener *liebt* nur Personen, aber nicht Sachen. Der Berliner fragt schließlich: ,*Wie teuer ist diese Mütze?*' Und macht sich wieder eines groben Berolinismus schuldig. Teuer bedeutet ja doch einen den normalen übersteigenden, übertriebenen hohen Preis; *wie teuer ist dies?* bedeutet also: *Wie übermäßig hoch ist sein Preis?* Der Wiener sagt nur: *Was kostet das?* Der Berliner sucht die *Kasse* und findet eine Aufschrift *Kassa*. Er verläßt den Laden, weil es früh ist, mit dem Gruß: ,*Guten Morgen!*' und erregt die Verwunderung des Wieners, der diesen Gruß nur bei der Ankunft und nicht beim Abschied gebraucht. Der Wiener selbst erwidert den mit *Ich habe die Ehre! Guten Tag!* was wieder der Berliner in Erstaunen versetzt, denn der Gruß *Guten Tag!* kennt er umgekehrt bei der Ankunft, nicht beim Weggehen. – Der Berliner betritt ein Haus, in dem er durch die *Haustür* am *Portier* vorbei in den *Flur* tritt, die *Treppe* hinauf in die erste *Etage* steigt, *klingelt*, in den *Korridor* gelassen wird, wo man ihn bittet, *sich näher zu treten*. Der Wiener geht durch das *Haustor* in die *Einfahrt*, steigt am *Hausmeister* vorbei die *Stiege* hinauf in der ersten *Stock*, *läutet* und wird in das *Vorzimmer* gelassen, von wo ihn das Dienstmädchen *hineinspazieren heißt*. Aus Kretschmer (1918) in Ammon (1995: 36).

In diesem Auszug sind einige sprachliche Probleme zwischen dem Kunden aus Berlin und dem Wiener Verkäufer erkennbar. Die beiden sind in der Lage, sich gegenseitig zu verstehen, aber aufgrund des unterschiedlichen Sprachgefühls können Missverständnisse entstehen: Im Gegensatz zu dem Berliner würde der Wiener nie Gegenstände lieben oder den Gruß „Guten Tag!" zum Abschied verwenden. Dabei sind also zwei Varietäten – die österreichische und die deutsche – zu erkennen. Da diese Arbeit sich mit den nationalen Varietäten des Deutschen meist auf der lexikalischen Ebene befasst, ist hier die Bedeutung der Begriffe *Varietät* und *Variante* zu vertiefen. Eine gute Definition des Terminus *Varietät* ist trotzdem kaum möglich, weil – wie Berruto (2004: 189–190) bemerkt – es nicht immer eindeutig ist, wie viele und welche sprachlichen Merkmale zu einer Varietät gehören. Außerdem wird dieser Begriff oft von sozialen und/ oder politischen Faktoren beeinflusst. In der Linguistik bezieht sich die Varietät normalerweise auf das ganze System der Sprache, während die Variante sich auf die einzelnen Spracherscheinungen derselben Varietät bezieht. Beispiele für Varietäten der deutschen Sprache sind Jugendsprache, die bürokratische Sprache, *Dialekte* (Vgl. A3.1), *Soziolekte*[5] oder *Ethnolekte*[6], während Ausdrücke wie *Marille, Erdapfel, Nachtessen, Leeze,* usw. Varianten sind. Trotzdem ist der Ausdruck Variante besonders wichtig für diese Arbeit, da Wörterbücher in den meisten Fällen einzelne Spracherscheinungen registrieren. Ammon (1995: 101–116) unterscheidet folgende Typen von Varianten:

1. *Kodifizierte* vs. *nichtkodifizierte* nationale Varianten[7];
2. Nationale Variante *nur nach Geltung* und nationale Varianten *nach Geltung und Bekanntheit*;
3. *Situationsunabhängige* vs. *situationsabhängigen* nationale *Varietäten*;
4. *Zentrumsintern variable* vs. *zentrumsintern invariante* nationale Varietäten;
5. Nationale Varietäten *einer Teilregion* vs. nationale Varietäten *einer Ganzregion*;
6. *Spezifische* vs. *unspezifische* nationale Varianten;
7. *sehr unspezifische* vs. *unspezifische* nationale Varianten.

Daraus folgt, dass z. B. der Ausdruck *Fahrrad* in Deutschland und in Österreich als kodifizierte Variante nach Geltung und nach Bekanntheit gilt, da er zur Standardsprache dieser Länder gehört, nicht aber in der Schweiz, wo *Fahrrad* als

---

5   Sprache der verschiedenen Sozialschichten.
6   Sprache einer bestimmten Ethnie (z. B. Gastarbeiter Deutsch [GAD] oder Kanaksprache).
7   Zur Kodifizierung vgl. nächster Abschnitt.

Nonstandard[8] betrachtet und von *Velo* ersetzt wird. Der Terminus *Leeze* (,Fahrrad') ist im Gegensatz dazu eine zentrumsinterne Variante einer Teilregion (des Münsterlands) und auch eine situationsabhängige Variante, weil er normalerweise mündlich oder informell schriftlich gebraucht wird. Ein Beispiel für eine spezifische nationale Variante ist *Marille*, während *Aprikose* eine unspezifische nationale Variante in Deutschland und in der Schweiz ist. Schließlich gehören zu sehr unspezifischen nationalen Varianten die Formen des Perfekts mit *sein* anstelle von *haben* bei Verben wie *stehen, sitzen* und *liegen* oder der Ausdruck *Orange.*

Meiner Meinung nach sollte aber nur zwischen den folgenden Typen von Varianten unterschieden werden:

1. Kodifizierte vs. nichtkodifizierte Varianten;
2. Varianten nach Geltung vs. Variante nach Geltung und nach Bekanntheit;
3. Varianten einer Teilregion vs. Varianten einer Ganzregion;
4. Situationsabhängige vs. situationsunabhängige Varianten;
5. Spezifische vs. unspezifische Varianten.

Alle anderen Typen von Varianten, die von Ammon vorgeschlagen werden, können *de facto* auf diese fünf Kategorien zurückgeführt werden. Deswegen scheint mir eine weitere Klassifizierung nicht notwendig. Dabei sei hervorgehoben, dass die Grenzen zwischen den verschiedenen Varianten oft fließend sind, besonders bei den nationalen Varianten nach Geltung und nach Bekanntheit und bei den spezifischen und unspezifischen Varianten. Alles hängt von dem eigenen Blickwinkel ab: *Erdapfel* ist z. B. eine spezifische nationale Variante nach Geltung und nach Bekanntheit in Österreich, nicht aber in Deutschland oder in der Schweiz, wo sie trotzdem bekannt ist und verstanden wird.

Schließlich sei erwähnt, dass Ammon (1995) die Kulturspezifika (z. B. Heimat, Sehnsucht, Müsli, usw.) nicht zu den nationalen Varianten zählt, weil es „für solche Sachspezifika […] keine sprachlichen Varianten in den verschiedenen deutschsprachigen Nationen [gibt]" (Ammon 1995: 67). Seiner Meinung nach sollten demnach auch alle Eigennamen (Ortsname, Flurname, usw.) aufgenommen werden. Diese Ausdrücke sind jedoch eng mit einem bestimmten Land verbunden, und sind deswegen sehr spezifische nationale Varianten, die als solche zu den spezifischen nationalen Varianten gezählt werden sollten. Außerdem ist es auch kein großes Problem, die wichtigsten Eigennamen einer

---

8   Hier gilt als Nonstandard alles, was nicht zur Standardsprache gehört.

bestimmten Nation aufzunehmen: Natürlich ist es nicht möglich, solche Varianten in den einsprachigen Allgemeinwörterbüchern für Muttersprachler einzuschließen, aber sie könnten in speziellen Nachschlagewerken enthalten sein. Darüber hinaus sollten Kulturspezifika in den Lernerwörterbüchern durch Bilder, Listen und Kästen dargestellt werden, um die Kultur der deutschsprachigen Länder zu vermitteln. Dies geschieht heutzutage schon, aber da „das Credo der Wörterbuchverlage 'Time, Space and Money' lautet" (Schafroth 2011: 83), kommen Kulturspezifika in den Wörterbüchern nur im begrenzten Umfang vor. Aus diesem Grund wäre es wünschenswert, die deutsche Lexikographie um ein enzyklopädisches Lernerwörterbuch am Beispiel des *Oxford Advanced Learner's Dictionary Encyclopedic Edition* oder des *Longman Dictionary of English Language and Culture* – das es für die deutsche Sprache noch nicht gibt – zu erweitern (vgl. Teil F).

Ähnlich wie die Begriffe Varietät und Variante sind auch *Standardvarietät* und *Standardvariante* problematisch, weil sie tatsächlich voneinander abhängig sind. Der Ausdruck *Standardvarietät* kann aber auch – wie für diese Arbeit – als Synonym für *Standardsprache* gelten.

Ammon (1995: 3) beschreibt eine Standardvarietät als einen Teil der Sprache, der sowohl mündlich als auch schriftlich *kodifiziert* ist, d. h.:

1. Sie wird in Nachschlagewerken wie Grammatiken und Wörterbüchern beschrieben;
2. Sie hat eine eigene belletristische Literatur;
3. Sie wird in der Schule gelehrt und normalerweise als Amtssprache anerkannt;
4. Sie wird von der Mehrheit der Leute akzeptiert, verstanden und auch in den öffentlichen Situationen verwendet.

Daneben gibt es noch zwei wichtige Voraussetzungen:

1. Die Überdachung des Nonstandards;
2. Die Korrektur der Leute, die sich an diesem Standard nicht anpassen.

Eine Standardvariante entsteht also, wenn die obengenannten Kriterien erfüllt werden. Wenn nicht, ist sie als *Nonstandard* und konsequenterweise als regional oder dialektal zu betrachten.

3. Die Sprache und der Standard

Obwohl sie nicht immer eindeutig sind, und da nationale Varianten nicht mit den Dialekten verwechselt werden dürfen, werden in diesem Abschnitt die Begriffe „Sprache" und „Dialekt" erläutert.

Laut Berruto (2004: 190–192) sind bei dem Begriff *Sprache* zwei Bedeutungen zu unterscheiden: 1. Sprache als „[…] Sprachsystem, oder jedes Ganze von verbalen Zeichen, Formen, Paradigmen, usw., das die allgemeinen Eigenschaften der langue besitzt […]" 2. Sprache als „[…] ein sozial entwickeltes Sprachsystem […], das kodifiziert ist, über eine schriftliche Tradition verfügt, mit einer Nationalität verbunden ist und im Prinzip alle kommunikativen Funktionen in einer Sprachgemeinschaft erfüllen kann". In diesem Sinne ist dann dieses Wort zweideutig: Es kann entweder ein Synonym für Varietät oder für Standardsprache sein.

Diese Definition ist dennoch unpassend, insbesondere die zweite Bedeutung nach der eine Sprache mit einer Staatsangehörigkeit verbunden sein muss: Länder wie die Schweiz beweisen, dass eine Sprache nicht unbedingt nationalabhängig und binnenkodifiziert sein muss.

Angemessener ist also die Definition von Ammon (1995: 1): „Eine Sprache [umfasst] eine Menge von […] Sprachsystemen […] bzw. [ist sie] mit dieser Menge identisch […]". Trotzdem bemerkt selbst er, dass diese Erläuterung problematisch ist, weil „dieser Terminus impliziert, daß eine Sprache insgesamt ein System sei" (Ammon 1995: 1). Außerdem werden in beiden Begriffserklärungen die non-verbale Kommunikation und Ausdrücke, die „Träger von gruppenspezifischen Konnotationen" (Schrodt 1995: 53–54) (z. B. Höflichkeitsformen, Numerus oder Genus) sind, nicht erwähnt. Diese beiden Voraussetzungen sind jedoch sehr wichtig, weil die Anerkennung einer Sprache als Standard primär die Einwohner eines bestimmten Raumes betrifft (Ebd.).

Für die vorliegende Arbeit gilt als (Gesamt-)Sprache ein System, das folgende Kriterien erfüllt:

1. Sie ist ein linguistisches System, dass die zwischenmenschliche Kommunikation durch eine Reihe von Zeichen – mündlich (Laute), schriftlich (Buchstaben) und nonverbale Kommunikation – ermöglicht. Das bedeutet also, dass die Sprache zwischen Signifikat und Signifikant gespalten ist, und dass eine bestimmte Gesellschaft arbiträr entscheidet, welche Bedeutungen durch eine gewisse Reihe von Zeichen übermittelt werden;
2. Sie ist in mannigfaltige Subsysteme gegliedert;
3. Sie enthält zumindest eine Varietät, die als Standard anerkannt ist, d. h., dass sie den Voraussetzungen, die im letzten Abschnitt beschrieben wurden, entspricht;
4. Sie hat grammatische und pragmatische Merkmale, die „Träger von gruppenspezifischen Konnotationen" (cit.) (Numerus, Pronomina, Höflichkeitsformen) sind;
5. Sie ist aus politischen, ökonomischen und militärischen Gründen andere Sprechweisen übergeordnet.

3.1 Sprache und Dialekt

Im Gegensatz zu einer Sprache ist ein Dialekt örtlich gebunden und normalerweise von einem Standard dominiert (Vgl. Ammon 1995: 1–17). Dialektsprecher werden also von Standardsprechern korrigiert. Diese Kriterien reichen aber nicht für eine zufriedenstellende Klassifikation: Alles hängt tatsächlich von dem Grad der Ähnlichkeit bzw. der Distanz zwischen zwei oder mehreren Sprachvarietäten ab. Nur wenn zwei oder mehrere Sprechweisen weder zu ähnlich noch zu divergent sind, entsteht ein Dialekt. Ist die Distanz gering, erscheinen zwei Varietäten einer selben Sprache (z. B. deutsches Standarddeutsch, österreichisches Standarddeutsch und schweizerisches Standarddeutsch). Ist die Distanz zwischen zwei Sprachen hinreichend groß, sind sie als zwei verschiedene Standardsprachen zu betrachten. Ein Beispiel dafür sind das Deutsche und das Englische: Obwohl sie zur selben Sprachfamilie gehören (beide sind westgermanische Sprachen) ist das Englische kein Dialekt des Deutschen und *vice versa*.

Die Theorie von Ammon wurde dennoch vor allem im englischen Raum kontrovers diskutiert. Einige Linguisten behaupten, der Dialekt sei der regionale Akzent einer bestimmten Standardsprache (z. B. Hochdeutsch mit hessischem oder sächsischem Akzent). Aus diesem Blickwinkel sind Schwäbisch, Berlinisch, Hessisch, usw. also Sprachen, die aus politischen, ökonomischen oder militärischen Gründen keine Standardsprache geworden sind. Eine der wichtigsten Forscherinnen in jüngerer Zeit, die dieser These zustimmt, ist die Anglistin Jennifer Jenkins, die in ihrem Beitrag aus dem Jahre 2009 die Dialekte der englischen Sprache beschreibt und gegen das Klischee, das Englische habe keine Dialekte, kämpft. Sie bemerkt dennoch nicht, vielleicht weil sie sich auf Labov (1966) (Vgl. auch Kerswith 2004 und Durrell 2004) bezieht, dass einige der von ihr beschriebenen Sprechweisen eigentlich keine Dialekte sind: Zu den englischen Dialekten zählt sie auch das Englische der Jamaikaner in London oder *London Cockney*[9], die eher Soziolekte und Ethnolekte (Vgl. Anmerkungen 3 und 4) sind.

Kritische Stimmen zu Ammon (1995) kommen nicht nur aus dem englischen Bereich. Auch Berruto (2004) ist der Meinung, dass der Unterschied zwischen Standardsprache und Dialekt nicht nur eine Frage der Verständlichkeit und der Verwandtschaft ist. Der Sprecher einer Variante L_A muss nicht unbedingt auch die Variante L_B verstehen können und es kann auch sein, dass der Sprecher von

---

9   Dieser Dialekt entstand am Londoner Hafen und wird jetzt immer mehr verwendet (Jenkins 2009).

L_B die Variante L_A versteht, weil die eigene Varietät schwierigere Regeln oder unregelmäßige Entwicklungen aufweist. Nach Berruto (2004) ist dann die strukturelle Verwandtschaft zwischen zwei Sprachen kein Kriterium für die Klassifikation von Dialekt und Standardsprache.

> Wenn zwei Sprachvarietäten keinen gemeinsamen Vorfahren besitzen und nicht derselben Sprachfamilie angehören, ist es normalerweise wohl auszuschließen, dass sie zwei Varietäten derselben Sprache sind.
>
> Die beiden Kriterien [Verständlichkeit und strukturelle Distanz, C.S.] genügen aber nicht, um alle konkreten Fälle zu klären. […] Spanisch, Italienisch und die italienischen Dialekte sind selbstverständlich nahverwandte Sprachsysteme mit geringer Distanz voneinander […]; Spanisch und Italienisch gelten jedoch als verschiedene Sprache, die italienischen Dialekte gehören dagegen zusammen mit dem Standarditalienischen zur selben Sprache.

Er schlägt daraufhin vor, neben den Kriterien von Ammon (1995: 1–17) zwei weitere Prinzipien anzunehmen, nämlich dem *Ausbau* einer Sprache – „die Eigenschaft einer Sprachvarietät, allen kommunikativen Bedürfnissen einer sozialen (nationalen) Gemeinschaft zu entsprechen, auch der schriftlichen, technischen und wissenschaftlichen" (s. Kloss 1952) – und das Prinzip der *Autonomie* oder *Heteronomie* einer Sprache. Das bedeutet, dass eine Varietät den anderen übergeordnet sein kann. Damit wird laut Berruto (2004) erklärt, warum Italienisch und Spanisch zwei verschiedene Sprachen sind. Trotzdem unterscheidet er nicht zwischen kleiner und mittlerer Distanz: Er ist der Meinung, dass die italienischen Dialekte nur eine geringe Distanz vom Standard haben. Dies ist jedoch weder im Italienischen noch im Deutschen der Fall: Genau wie ein Süditaliener nie einen Norditaliener verstehen würde, wenn die beiden Gesprächspartner den eigenen Dialekt verwenden, so würde z. B. nie ein Ostfriese einen Bayern verstehen, wenn der eine Plattdeutsch und der andere Bairisch spricht. Außerdem hätte sich Berruto auf Ammon (1995) beziehen können, wo klar unterstrichen wird, dass die Standardsprache die Dialekte überdacht. Von den beiden von Berruto (2004) erwähnten Voraussetzungen ist die Heteronymie einer Sprache zu vernachlässigen und anstelle dessen der *Ausbau* einer Sprache zu verwenden, obwohl es häufig nicht so klar ist, wo die Grenze zwischen Standard und Dialekt liegen soll. Sowohl die deutschen als auch die italienischen Dialekte haben eine eigene belletristische Literatur, außerdem gibt es manchmal Fach- und Wissenschaftstexte, die im Dialekt geschrieben werden. Das bedeutet, dass sie ursprünglich Standardsprachen waren, die später aus politischen, ökonomischen oder militärischen Gründen ihr Prestige verloren haben. Die gleiche Situation ist auf anderen Sprachen zu übertragen: Viele neuere Aufsätze von Ammon

(Ammon 1991, Ammon 1991a, Ammon 1994, Ammon 2001, Ammon 2009) und anderen Linguisten kritisieren, dass das Deutsche von dem Sprachimperialismus des Englischen bedroht wird, weil die englische Sprache immer mehr zur Wissenschaftssprache wird. Daraus kann geschlossen werden, dass jede Sprache die Möglichkeit hat, sich in einen Dialekt zu wandeln und umgekehrt.

B. Deutsch als Plurizentrische Sprache

1. Ist das Deutsche eine plurizentrische Sprache?

Wie auch andere Sprachen ist das Deutsche eine plurizentrische Sprache, die eine Asymmetrie in den verschiedenen Zentren aufweist (Vgl. dazu A1.1).

In diesem Kapitel findet sich zunächst eine kurze Einführung in die verschiedenen Zentren der deutschen Sprache. Aufgrund der mangelnden Forschungsbeiträge über die Sprache in den Viertelzentren und da sie – so wie die Sprachinseln – nicht der Schwerpunkt der vorliegenden Arbeit sind, wird hier auf der Grundlage der historischen Entwicklungen geklärt, warum in diesen Ländern Deutsch gesprochen wird. Dagegen werden für die Halb- und Vollzentren die wichtigsten sprachlichen Merkmale besprochen. Nur für Deutschland, Österreich und die Schweiz befindet sich im Anhang eine Liste der nationalen Varietäten, die in den Wörterbüchern diatopisch markiert werden sollten.

2. Sprachinseln

2.1 Italien

Die Italienische Republik hat verschiedene Sprachminderheiten (z. B. die Ladiner und die Slowenen im Friaul, die *Patois* im Piemont und im Aostatal oder die Albaner und die Griechen im Umbrien und Kalabrien), die im 6. Artikel der Verfassung[1] und durch eine Normative der EU über die sprachliche Minderheiten aus dem Jahr 1995 geschützt werden[2].

Für die deutsche Sprache gibt es in Italien – neben Südtirol – zwei wichtige Sprachinseln: Die Walser und die Zimbern.

Walser
Die Walser sind eine bäuerliche alemannische Bevölkerungsgruppe, die zwischen dem 12. und 14. Jahrhundert ihr Heimatland Wallis verlassen haben, und

---

1   „La Repubblica tutela con apposite norme le minoranze linguistiche." Vgl. http://www.governo.it/Governo/Costituzione/principi.html (Zugriff am 1.03.2013).

2   http://www1.interno.gov.it/mininterno/site/it/sezioni/servizi/legislazione/minoranze_etniche/Legge_28_agosto_1997_n.302.html (Zugriff am 17.03.2013).

in verschiedenen Gebieten in der Schweiz, Liechtenstein, Italien und Österreich umgesiedelt ist. Die Gründe für diese Immigration sind nicht klar, aber zu den möglichen Ursachen ihrer Auswanderung zählen die Überbevölkerung der Gebiete, in denen sie ursprünglich lebten, Naturkatastrophen wie Klimaveränderungen, die Pest oder die Lust am Abenteuer.

In Italien wohnen die Walser südlich des Matterhorns, besonders in den Ortschaften Gressoney und Issime (Aostatal) und in den Provinzen Verbania-Cusio-Ossola und Vercelli (Piemont). Die Zuwanderung der Walser, die im Laufe des 13. Jahrhunderts den höchsten Punkt erreichte, ist Mitte des 14. Jahrhunderts beendet. Von daher hat sich auch die Sprache dieser Bevölkerung nicht mehr weiterentwickelt.

Laut Fazzini (1978) in Ethnologen (2009) gibt es in Italien noch 3.400 Walser, die aber aufgrund der Migration in andere Gebiete, in denen sie bessere Arbeitsmöglichkeiten haben, immer weniger werden. Für weitere Informationen s. auch www.walser-alps.eu[3].

Die Zimbern

Der Ausdruck „Zimbern" steht für „die Bewohner der Sieben und Dreizehn Gemeinden, deren eigenartigen deutschverwandten Dialekt zum ersten Mal (sic!) der bayerische Gelehrte Johann Andreas Schmeller 1838 in den Abhandlungen der Bayer. Akademie der Wissenschaften wissenschaftlich untersucht hat" (Schweizer 1948)[4].

Die Zimbern sind wahrscheinlich im Laufe des 11. und 12. Jahrhunderts nach Südtirol, Venetien, Tirol und Friaul – wo sie noch heute wohnen – zugewandert. Dieser Theorie wurde jedoch von Schweizer (1948) widersprochen: Seiner Meinung nach sind die Zimbern

[…] schon sehr früh, mindestens um 600–700, etwa als Vorabteilung der Tirol besetzenden Urbaiwaren, bis Vicenza und Verona vorgestoßen sein [müssen] und dann, da ja das gute Land schon von den Langobarden besetzt war, sich mit den unwirtlichen Gebirgstälern begnügt haben und ferner von ihrem <<Wirtsvolke>> die Bekannten Rassegesetze übernommen haben, die ihnen dann den Bestand ihrer rassischen Eigenart begnügt haben. Eine spätere Einwanderung, insbesondere eine solche im XII. oder XIII. Jahrhundert, wurde aus Bayern oder Tirol wohl nur verarmte Hintersassen schlecht verwalteter Herrschaften von ganz unberechenbaren körperlichen Merkmalen gebracht haben; […].

---

3   Zugriff am 25.02.2013.
4   Online verfügbar unter: http://geiser.beepworld.de/langobardentheorie.htm (Zugriff am 25.02.2013).

Daraus folgt, dass die Zimbern einen bairischen Dialekt sprechen. Heutzutage gibt es nach Angaben von Ethnologen (2009) noch 2.300 italienische Einwohner zimbrischer Herkunft. Für weitere Informationen vgl. Schweizer (1948), Schweizer & Dow (2008) und Hopfgartner (2008).

2.2 Deutsche Sprachinseln Weltweit[5]

Mit 90 Mio. Muttersprachlern ist das Deutsche die zehnt häufigste Sprache der Welt und wird in mehr als 30 Ländern gesprochen (Vgl. Ethnologe 2009).

Wichtige Sprachinseln neben den bereits oben erwähnten sind noch Russland, die USA, Kanada und Brasilien. Im Folgenden werden sie kurz vorgestellt.

Russland[6]

Die deutsche Minderheit in Russland ist aufgrund der Privilegien, die von der Zarin Katarina II. am Ende des 18. Jahrhunderts zugestanden wurden, entstanden. Sie lebten hauptsächlich in vielen Teilen des Reichs, insbesondere in der Nähe von St. Petersburg, Aserbaidschan, hinter dem Ural und dem Kaukasus und sind auch als *Volgadeutsche* bekannt. Durch eine Russifizierungspolitik 100 Jahre später bedingt sind sie wieder ausgewandert. Heutzutage sind die meisten Volgadeutschen nach Deutschland zurückgekehrt.

USA und Kanada

Diese deutschen Gemeinschaften sind das Ergebnis der Migration besonders ab dem ersten Weltkrieg: Wie Polenz (1999: 161) berichtet, waren die meisten Einwanderer der USA und Kanadas Juden, die in Deutschland verfolgt wurden. Die Migration wurde ab den 1920er und 1930er Jahren erschwert, da man Neuzuwanderer zu dieser Zeit nur beschränkt zuließ.

Trotz der Schwierigkeiten – besonders unter den religiösen Gemeinschaften wie die Mennoniten – haben sich die meisten Zuwanderer relativ schnell assimiliert. Das könnte die Sprache dieser Minderheiten beweisen, da – wie Putnam (2011) berichtet – das Deutsche in den Gebieten wie Wisconsin (USA) tatsächlich sehr von der englischen Sprache beeinflusst ist. Dazu s. Putnam (2011).

Brasilien und Südamerika

Die Deutschen sind nicht nur nach Russland und Nordamerika ausgewandert, sondern auch nach Brasilien, Chile, Uruguay und Venezuela.

---

5 Zur Vertiefung vgl. Polenz (1999: 161–162).
6 Vgl. Polenz (1999: 137).

In Brasilien ist die deutsche Gemeinschaft im Laufe des 19. Jahrhunderts entstanden. Einige Zuwanderer kamen aus Danzig, und sie haben sich im nördlichen Teil des Landes niedergelassen. Dementsprechend haben sie sich auch in den Nachbarländern ausgebreitet (Vgl. Polenz 1999: 139).

Normalerweise wird diese Gemeinschaft trotzdem zu den Sprachinseln der niederdeutschen Sprache gezählt[7].

3. Viertelzentren

3.1 Polen und Osteuropa[8]

Während des Mittelalters sind die Deutschen nach Osteuropa umgesiedelt, um die Bevölkerung zu christianisieren. Daneben gab es auch eine friedliche Zuwanderung der niedrigsten Sozialschichten. Wichtige Zielländer waren Polen, Tschechien und Slowenien.

In Polen konzentrierten sich die Deutschen in der Nähe von Posen und in Schlesien (die Region von Bielsko Biała), die früher zum Deutschen Reich gehörten. Zusätzlich dazu gab es – wie im letzten Abschnitt erwähnt – eine niederdeutsche Minderheit in Masuren (Danzig), deren Mitglieder zum Teil im 19. Jahrhundert nach Brasilien ausgewandert sind, und zum Teil während des zweiten Weltkriegs gezwungen wurden, nach Westen (also nach Deutschland) zu migrieren[9].

Bis zum 19. Jahrhundert – besonders um 1830/31 – gab es in den deutschbesetzten polnischen Gebieten eine starke Germanisierungspolitik: Die Polen wurden gezwungen, Deutsch zu lernen und ihre Zweisprachigkeit wurde nie anerkannt. Später wurde diese Politik schwächer, obwohl die Situation immer problematisch geblieben ist.

---

7   Es ist umstritten, ob Plattdeutsch eine eigenständige Sprache ist oder nicht, aber die Tatsache, dass es eine eigene Grammatik und belletristische Literatur, ein eigenes Wörterbuch, ein Institut für ihre Förderung und Pflege (Institut für niederdeutsche Sprache) hat und dass es auch in den Zeitungen und im Radio verwendet wird (meist in Norddeutschland), erlaubt die Einschätzung, dass Plattdeutsch eine selbstständige Sprache ist.

8   Polenz (1999: 126–129; 155–156; 175–178) und Marinelli u. a. (2004: 256–257) für die Situation in Polen. Zu Tschechien und Slowenien, vgl. Polenz (1999: 133–134; 157–158) und Polenz (1999: 134–135; 158–159; 178–179).

9   Literarische Verarbeitungen dieses Stoffes sind H. U. Treichel, *Der Verlorene* oder *Im Krebsgang* von G. Grass.

Während des Nationalsozialismus wurden die deutschsprachigen Polen verfolgt und gezwungen, in den Osten umzusiedeln. Wenn sie auch jüdischer Herkunft waren, wurden sie in Konzentrationslager gebracht: Osteuropa und Polen hatten eine starke jüdische Minderheit, die heutzutage aufgrund der Verfolgung im Zweiten Weltkrieg fast ausgestorben ist.

In der Nachkriegszeit wurde die Situation nicht besser, weil die Regierung immer versuchte, Sprachminderheiten zu unterdrücken, um eine gemeinsame Standardsprache durchzusetzen. Erst seit 1991 wird die deutschsprachige Minderheit in Polen anerkannt[10].

In Tschechien und Slowenien gab es ebenfalls deutsche Minderheiten, die besonders im Laufe des 20. Jahrhunderts verfolgt wurden. Berühmt sind die Minderheiten in Böhmen oder die Sudeten in Tschechien. Weitere deutsche Gemeinschaften befinden sich in der Slowakei und in Kroatien.

3.2 Rumänien[11]

In Rumänien gab es zwei Migrationswellen: Die erste begann um 1141 und die zweite am Ende des 18. Jahrhunderts.

Polenz (1999: 136–137) berichtet, dass die Zuwanderer der ersten Migrationswelle Schwaben waren, die sich mit der ungarisch-rumänischen Bevölkerung völlig assimiliert haben. Sie wohnten in den Siebenbürger Sachsen (wo noch heute eine deutschsprachige Minderheit lebt) und haben ihre mittelfränkische Sprache gut bewahren können, obwohl sie wegen eines Sprachedikts aus dem Jahr 1776 von der Konkurrenz des Neuhochdeutsch bedroht war.

Im Laufe der Jahrhunderte – insbesondere am Ende des 18. Jahrhunderts – ist eine weitere deutschsprachige Minderheit im westlichen Teil von Rumänien entstanden. Migranten in dieser Zeit kamen aus Österreich und sie *stabilisierten* im Banat (die Region, in der auch die Nobelpreisträgerin Herta Müller geboren wurde).

Während des zweiten Weltkriegs hatten diese Minderheiten

trotz des Zwangs zur Zweisprachigkeit mit Rumänisch als Staats- und Schulsprache, eine kulturelle Sprachautonomie in Kirche und Schule, aber mit einer weitgehenden Überdachung der siebenbürgisch-sächsischen Mundarten und Umgangssprache durch

---

10 Um genauere Zahlen über die deutsche Minderheit in Polen, vgl. http://www.stat.gov. pl/cps/rde/xbcr/gus/Przynaleznosc_narodowo-etniczna_w_2011_NSP.pdf (Zugriff am 25.02.2013).

11 Vgl. Polenz (1999: 136; 160; 180–181) und http://www.uni-koeln.de/jur-fak/ostrecht/ minderheitenschutz/Vortraege/Rumaenien/Rumaenien_Tontsch.pdf (Zugriff am 27.02.2013).

Rumänisch als Schriftsprache, besonders auf dem Lande, wo Hochdeutsch den meisten eine Fremdsprache war. (Polenz 1999: 160).

Schließlich berichtet Polenz (1999: 180–181), dass – obwohl während des kommunistischen Regimes eine Ausweisung der deutschsprachigen Minderheiten in Rumänien nie stattgefunden hat – die Anzahl ihrer Teilnehmer aus verschiedenen Gründen (z. B. Abwanderung durch Krieg und Gefangenschaft, Verstädterung, usw.) von 700.000 auf 60.000 gesunken ist.

Rumänien hat sprachliche Kontakte zu Österreich, d. h. sowohl in der Presse als auch im Fernsehen wird die deutsche Sprache in diesem Land am Beispiel des österreichischen Standarddeutschen modelliert. Tatsächlich unterscheidet sich das Rumäniendeutsch nur im Wortschatz.

3.3 Elsass – Lothringen[12]

Problematischer ist die Situation im Elsass und in Ost-Lothringen: In diesen Gebieten wurden ein alemannischer (Elsass) und ein fränkischer (Ost-Lothringen) Dialekt gesprochen, die bis zum Ende des *Ancién Regimes* friedlich neben der französischen Sprache existierten. Polenz (1999: 115) berichtet, dass Elsass und Strasbourg bis zu den frühen Goethejahren eine „deutschsprachige Landschaft" (Ebd.) hatten, weil „Französisch [...] nur Sprache des Königs, der modern Gebildeten und der sozialökonomischen Modernisierung [war]" (Ebd.).

Nach der Französischen Revolution, insbesondere aufgrund der jakobinischen Radikalisierungen wurde die deutsche Sprache im Elsass und in Ost-Lothringen verfolgt, da sie als „Sprache des ‚Feindes', des Feudalstaates, des ‚Sklaverei', des Aberglaubens (d. h. der Religion) und des *Obskurantismus*" (Ebd.) empfunden wurde. Aus diesem Grund ist die elsässische Varietät des Deutschen – wie alle anderen regionalen Varianten der französischen Sprache, die Abweichungen von der Norm von Paris aufwiesen – zu einem *Patois* geworden.

Im Elsass und in Ost-Lothringen entwickelten sich jedoch nicht nur auf der sprachlichen, sondern auch auf der politischen Ebene Schwierigkeiten, weil diese Gebiete bis zum Ende des ersten Weltkriegs abwechselnd zu Deutschland oder Frankreich gehörten: 1871 wurde das Elsass und ein Teil Ost-Lothringens von Deutschland annektiert. Später – mit den Friedensverträgen 1918 – wurden diese Regionen von Frankreich besetzt. Danach kam Hitler durch eine Propaganda um die Wiedereroberung des *Lebensraums* im Osten, im Elsass und in Lothringen zur Macht. Die Wiedereroberung gelang ihm jedoch nicht: Nach 1945 wurden diese Territorien Frankreich zugesprochen.

---

12 Vgl. dazu Polenz (1999: 116–118; 148–149; 165–166).

Dennoch ist die sprachliche Situation dieses Gebiets interessant: Nachdem das elsässische Deutsch zu einem *Patois* geworden war, gewann diese Sprachminderheit ab 1924 mehr Autonomie von der französischen Regierung; ab 1927 wurde Deutschunterricht ab der 2. Volksschulklasse und im Fach Religion zugelassen (vgl. Polenz 1999: 148). Die spätere *Entwelschungspolitik* des Nationalsozialismus führte zu einem brutalen „Sprachterror". Nach 1945 verfolgte auch Frankreich eine Sprachpolitik, die „doppelte[ ] Halbsprachigkeit" (Ebd.: 165) der Einwohner in den obengenannten Gebieten verursacht hat: Französisch sollte die Sprache des Denkens und des beruflichen Alltags sein, während das Patois nur ganz begrenzte Zwecke erfüllen sollte. Deutsch sollte eine Fremdsprache sein.

Heutzutage hat der Dialekt in allen öffentlichen Bereichen rehabilitiert, obwohl er jetzt nur „noch gewisse Restfunktionen in Familie, Nachbarschaft, Freundeskreis [...] [und] am städtischen Arbeitsplatz" (Ebd.: 166) hat. Daraus folgt, dass Elsässisch unter einer „lexikalische[n] Erosion und [einem] Heteronymieschwund" (Ebd.) leidet. Deswegen wird diese Sprache besonders in der Stadt nicht mehr als „Primärsprache/Muttersprache" (Ebd.: 167) empfunden.

3.4 Namibia

Aufgrund der Kolonialgeschichte Deutschlands, die nur knapp 50 Jahre (von 1871 bis 1918) gedauert hat, hat sich das Deutsche auch im ehemaligen deutschen Südwesten verbreitet. Deutschland hatte während der wilhelminischen Zeit vier Kolonien in Afrika: Togo, einem Teil des heutigen Tansanias, Kamerun und das heutige Namibia. Mit den Friedensverträgen von Versailles im Jahre 1918 verlor Deutschland alle Kolonien und sein Besitz wurde zwischen England (Tansania und Namibia) und Frankreich (Togo und Kamerun) aufgeteilt. Die deutsche Minderheit in diesem Land blieb trotzdem erhalten und ist seit dem Jahr 1932 anerkannt.

Auf der sprachlichen Ebene hat die deutsche Gemeinschaft in Namibia eine eigene Sprachvarietät entwickelt, die als „Namlish" bekannt ist, und eine starke Beeinflussung des Englischen und der Bantu-Sprachen (darunter auch Afrikaans) aufweist. Seit 1990 ist Deutsch in Namibia eine der Nationalsprachen, obwohl Englisch die einzige Amtssprache des Landes ist.

Laut Angaben der Allgemeinen Zeitung (die Nationale Presse Namibias) wohnen in Namibia noch etwa 22.000 Deutsche und viele Einheimische lernen Deutsch als Fremdsprache[13]. Daneben gibt es auch einige Vereine, die sich um

---

13 Vgl. dazu http://www.goethe.de/ins/na/win/wis/med/de7212218.htm (Zugriff am 27.02.2013).

die deutsche Sprache in diesem Land kümmern. Beispiele hierfür sind das DiN (Deutsch in Namibia)[14], die Deutsch-namibische Gesellschaft[15] und die germanistische Fakultät der Universität von Namibia[16].

4. Halbzentren

4.1 Südtirol

Geschichte[17]

Polenz (1999: 135) berichtet, dass bereits seit dem Frühmittelalter einige deutschsprachige Bevölkerungen mit südbairischem Dialekt in den südlichen Teil des Brennerpasses umsiedelten. Um das 6. Jahrhundert nach Christus herum entstand also eine ethnische Grenze im heutigen Südtirol:

> Die Deutschsprachigen (mit südbairischer Mundart) dominierten im landwirtschaftlichen Bereich, vor allem in Hochtälern, an Berghängen und in der städtischen und territorialherrschaftlichen Oberschicht. Durch die Gegenreformation nahm im Süden das Italienische stärker zu, im Vintschgau das Deutsche, so daß am Ende der österreichisch-ungarischen Monarchie deutsche Sprache in Trentino in der Minderheit war (vor allem mit dem Sprachinseln Sieben und Dreizehn Gemeinden), in der Provinz Bozen das Italienische und das Ladinische [...].

Seit dem Spätmittelalter (1363) war Südtirol ein Habsburgischer Besitz und – mit einer kurzen Unterbrechung während der napoleonischen Zeit – war es bis zum Ende des ersten Weltkrigs ein Teil Tirols, also Österreichs.

Bis zum 19. Jahrhundert haben die Sprachminderheiten in Südtirol friedlich gelebt, 1848 jedoch begann der Sprachenkampf, der besonders während des Faschismus und des zweiten Weltkrigs ziemlich stark ausgeprägt war: Zu dieser Zeit wurde die deutsche Sprache in diesem Raum verboten und alle Namen sollten italienisiert werden. Außerdem berichtet Ammon (1995: 405), dass die Südtiroler am 23. Juni 1939 vor die Entscheidung gestellt wurden, Teil Italiens oder Österreichs zu werden. Daraus folgte eine repressive Sprachpolitik, die bei Kriegsende zu zwei unterschiedlichen Reaktionen geführt hat: Einerseits hat die deutschsprachige Minderheit in Südtirol stark für die Anerkennung ihrer Rechte gekämpft, andererseits hat die Regierung der Nachkriegszeit versucht,

---

14 http://www.deutschinnamibia.org/ (Zugriff am 27.02.2013).
15 http://www.dngev.de/index.php?option=com_content&view=category&layout=blog &id=20&Itemid=38 (Zugriff am 27.02.2013).
16 http://www.unam.na/ (Zugriff am 27.02.2013).
17 Vgl. Ammon (1995: 405–411) und Polenz (1999: 135–136; 159–160; 180).

den verschiedenen Minderheiten in Italien Autonomie und spezielle Rechte zuzugestehen.

Ab dem Jahr 1948 wurde Südtirol *Regione a statuto speciale* und seitdem hat diese Region die Möglichkeit, die Kultur der Minderheiten – insbesondere die Deutsche – zu bewahren und zu fördern. Deutsch ist nur eine ko-offizielle Sprache neben dem Italienischen und wird überwiegend in der Provinz Bozen gesprochen. Trotz der Verfolgung während des Faschismus ist Deutsch noch bei 68% der Bevölkerung Südtirols die Muttersprache.

Die Sprache

Wie erwähnt, wird in Südtirol ein südbairischer Dialekt gesprochen. In dieser Region gibt es aber auch eine Diglossiesituation – ähnlich wie in der Schweiz (s. C2.) – weil hier häufiger der eigene Dialekt als die Standardsprache verwendet wird.

Als Standard gilt in Südtirol sowohl schriftlich als auch mündlich das österreichische Deutsch, aber die Sprache in Bozen unterscheidet sich besonders im Wortschatz von der in Österreich, weil sie stark vom Italienischen beeinflusst wird. Außerdem haben die beiden Varietäten eine eigene Sprache der Verwaltung und Bürokratie. In Südtirol gibt es trotzdem keine Binnenkodifizierung, weshalb schwer zu definieren ist, was ein *Südtirolismus* (= typisches Merkmal des Deutschen im Südtirol) ist, und was nicht.

Wichtige Quellen zur Forschung des Südtiroler Deutschen sind Ammon (1995), Lanthaler und Sachsenberg (1995) und das *Variantenwörterbuch der deutschen Sprache* (Ammon u. a. 2004). Für weitere Informationen über Südtiroler Deutsch, vgl. auch Adfalterer (2007).

4.2 Liechtenstein

Geschichte

Wie auch hinsichtlich der Schweiz (s. Teil C) ist bestritten, ob Liechtenstein ein Voll- oder ein Halbzentrum der deutschen Sprache ist, weil das Deutsche nicht kodifiziert wird, obwohl es die einzige Amtssprache des Landes ist. Außerdem ist dieses Fürstentum aufgrund seiner Größe das kleinste Zentrum der deutschen Sprache und laut Ammon (1995: 392) sind die Grundlagen der Entwicklung einer nationalen Varietät schwach: Dieses Halbzentrum umfasst eine ganze Nation und das Deutsche hat eine konkurrenzlose Stellung.

Seit 1709 ist Liechtenstein ein Reichsfürstentum und zwischen 1815 und 1866 wurde es Mitglied des Deutschen Bundes. Danach blieb Liechtenstein ein selbständiger Staat. Trotzdem war Liechtenstein bis zum Ende des ersten Weltkriegs außen- und wirtschaftspolitisch mit Österreich und den anderen Nachbarstaaten verknüpft, da es ein gemeinsames Zoll- und Steuergebiet mit der Region Vorarlberg bildete. Ab 1918 – also nach der Auslösung der k. u. k. Monarchie – war Liechtenstein wirtschaftlich mit der Schweiz verbunden.

Seit 1921 ist Liechtenstein eine konstitutionelle Monarchie mit parlamentarisch-demokratischen Grundlagen.

Die Sprache

Ammon (1995: 391–397) berichtet, dass Liechtenstein eine Diglossie-Situation durchlebt: Neben Hochdeutsch wird ein alemannischer Dialekt gesprochen. Trotzdem gilt der Dialekt nicht als Nationalsymbol und Standarddeutsch wird im öffentlichen Verkehr mehr als in der Schweiz verwendet.

In Liechtenstein gibt es kaum belletristische Literatur und erst 1995 wurde eine eigene Radiostation eingeführt. Es gibt eigene Zeitungen und Zeitschriften, aber Lehrmittel werden hauptsächlich in Deutschland und teilweise in der Schweiz hergestellt.

Daraus folgt, dass dieses Halbzentrum eine eigene nationale Varietät nur in dem Sinne hat, dass sie in einer Vermischung zwischen den verschiedenen Zentren der deutschen Sprache besteht: Ammon (1995: ebd.) berichtet, dass „das liechtensteinische Standarddeutsch mehr dem Schweizerhochdeutschen als dem österreichischen Standarddeutsch gleicht", weil die liechtensteinische Varietät viele Helvetismen und manche Austriazismen und Teutonismen enthält.

Als nationale Nachschlagewerke gelten die Bände des *Dudens*. Jedoch werden darin keine Liechtensteinismen (=Typische Merkmale der Standardvarietät von Liechtenstein) angedeutet.

4.3 Luxemburg

Geschichte

Die ersten Ansiedlungen der deutschsprachigen Bevölkerungen im heutigen luxemburgischen Gebiet sind auf das Frühmittelalter zurückzuführen: Bereits im 12. Jahrhundert war in diesem Gebiet eine germanisch-romanische Sprachgrenze präsent.

Nach 1815 wurde Luxemburg ein formal selbstständiges Großfürstentum, obwohl es hinsichtlich der Dynastie mit den Niederlanden verbunden war. Polenz (1999: 118) berichtet, dass zu dieser Zeit „Wilhelm I. v. Oranien-Nassau [...] bewusst die französische Sprachkultur [förderte], in Abwehr des zunehmenden Einflusses Preußens, das 1815 luxemburgische Gebietsteile östlich von Our, Sauer und Mosel erhalten hatte".

Im Jahr 1837 wurde Deutsch neben Französisch gleichberechtigte Amtssprache, womit sich die Stellung der französischen Sprache veränderte. Die

Zweisprachigkeit von Luxemburg entstand trotzdem ab 1848, sobald sich nicht nur eine sprachliche Identifizierung mit dem Letzeburgisch als Umgangssprache verbreitete, sondern sich auch ein nationales Bewusstsein entwickelte. Nach dem ersten Weltkrieg hat sich dieses Nationalbewusstsein verstärkt, und – aufgrund der expansionistischen Politik Frankreichs und Belgiens – eine Unabhängigkeitsbewegung in Luxemburg verursacht.

Die symbolische Festigung des luxemburgischen Nationalbewusstseins in den Unabhängigkeitsfeiern (1939) war mit einer sprachpolitischen Statuserhöhung des Letzeburgischen verbunden, indem es im gleichen Jahr durch Gesetz zur Voraussetzung für die Einbürgerung gemacht wurde; dies hatte starke Nachwirkung im beispielhaften politischen und sprachloyalen Widerstand der Luxemburger gegen die rücksichtslose Annexions- und Sprachpolitik des nationalsozialistischen Besatzungsregimes im Zweiten Weltkrieg von 1940 bis 1944. (Polenz 1999: 150).

Nach 1945 ist zunächst der Gebrauch des Letzeburgischen gesunken, nahm aber dann in der Politik und im Schulunterricht wieder zu. Mit der Verfassung des Jahres 1948 wurde Letzeburgisch sowohl als Amt- als auch als gleichberechtigte Sprache anerkannt.

Heutzutage erlebt Luxemburg eine ziemlich komplexe Triglossie-Situation: „Französisch und Deutsch stellen als Lese- (und Schreib-)Varietäten die beiden *high-languages* im komplementärer Funktion dar, Französisch mehr für Ober- und Mittelschicht [...], während die eigentliche Sprechvarietät Letzeburgisch die Sprache für interaktive Funktionen und nationale Identifizierung sei" (Polenz 1999: 168)[18].

Sprache

In Luxemburg ist Deutsch nicht die Muttersprache der Bevölkerung und – genau wie in Liechtenstein und in der Schweiz – ist sie nicht binnenkodifiziert. Trotzdem ist die Situation in Luxemburg nicht mit der in Liechtenstein zu vergleichen, weil – wie Ammon (1995: 399) berichtet – die Dudenbände die Markierung „luxemb." zumindest im Abkürzungsverzeichnis enthalten. Außerdem weist die luxemburgische nationale Varietät einzelne Besonderheiten auf, die als *Luxemburgismen* (oder *Luciburgismen*) bekannt sind. Dieses Land verfügt über ein eigenes Korpus, über Wissenschaftler, die sich um die Standardvarietät kümmern und über Zeitungen, in denen die deutsche Sprache eine große Rolle spielt.

---

18 Zur Vertiefung, vgl. Polenz (1999: 118–119; 150–152; 167–169).

Die deutsche Sprache in Luxemburg unterscheidet sich vor allem in der Lexik, aber auch in der Grammatik sind einige Luxemburgismen nachweisbar, wie z. B. beim Genus oder bei der Wortstellung. Dazu vgl. Ammon (1995: 398–404).

4.4 Ostbelgien

Geschichte[19]

Polenz (1999: 119–120) unterscheidet zwei Gruppen von deutschsprachigen Minderheiten in Ostbelgien: Die in *Alt-Belgien*, die in den Gebieten um Montzen, Bocholz und Arel/Arlon wohnten, und die seit 1839 zu Belgien gehören, und die in *Neu-Belgien* in der Nähe von Eupen und St. Vith, die vom 1815 bis 1919 zuerst Teil Preußens und dann des Deutschen Reichs waren.

In Ostbelgien war Hochdeutsch besonders im Herzogtum Limburg – zu dem Ostbelgien seit dem 13. Jahrhundert gehörte – verbreitet, in dem es „den Wechsel zwischen Französisch, Niederländisch und Deutsch je nach Empfänger oder abwechselnd von Jahr zu Jahr" (Polenz 1999: 120) gab. In der Umgangssprache war ein Kontinuum zwischen „niederfränkischem bzw. ripuarischem Plattdeutsch bzw. Hochdeutsch und Flämisch/Niederländisch" (Ebd.) präsent. „Hochdeutsch wurde von der katholischen Kirche gefördert, auch in der zentralistisch-frankophonen französischen Zeit (1792–1814) und in der Zeit der Zugehörigkeit zum Königreich der Niederlande (1815–1839)" (Ebd.).

Nach dem Wiener Kongress weist die deutsche Sprache in Ostbelgien zwei unterschiedliche Entwicklungstendenzen auf: In der Region Alt-Belgiens wurde Deutsch „trotz der formalen Anerkennung mit Sprachenverordnungen durch Französisch verdrängt" (Ebd.) und wurde zu einem Dialekt für die unteren Sozialschichten, während in den Gebieten Neu-Belgiens die deutsche offizielle Einsprachigkeit von der preußischen Regierung eingeführt wurde. Diese sprachpolitischen Veränderungen haben auch eine Mentalitätsgrenze, die noch nach dem ersten Weltkrieg spürbar war.

Zwischen 1939 und 1945 war Belgien von Deutschland annektiert und das Deutsche wurde als Amtssprache erhoben. Nach dem Zweiten Weltkrieg wurde es in allen öffentlichen Situationen durch Französisch ersetzt. Außerdem gab es bis in die 1970er Jahren eine Tabuisierung der sprachlichen Probleme und Französisch wurde als „Symbol für die Loyalität zum belgischen Staat" (Ebd.: 169) gesehen. Die Begriffe Alt- und Neu-Belgien wurden auch von der Bevölkerung vermieden, sind aber in der Wissenschaft weiterhin präsent, weil – wie Polenz (1999: 170) berichtet – sie „zwei unterschiedliche Arten deutschsprachiger Minderheiten in

---

19 Vgl. Polenz (1999: 119–120; 152–153; 169–171) und Ammon (1995: 412–416).

Ost-Belgien, deren sprachenrechtlicher Unterschied sich in der letzten Zeit sogar noch verstärkt hat" (Ebd.) kennzeichnen. Während in Alt-Belgien die Stellung der deutschen Sprache noch stärker als im Elsass zurückgegangen ist, erlebt der östliche Teil Belgiens ab dem Jahr 1963 (das Jahr in dem ein sprachig-territoriales Sprachenrecht eingeführt wurde) *de facto* eine partielle Zweisprachigkeit. 1973 wurde die deutschsprachige Gemeinschaft anerkannt und seit 1989 hat Ostbelgien eine eigene Autonomie wie Südtirol.

Sprache

Ostbelgien hat eine eigene Sprachvarietät, die aufgrund des intensiven Kontakts mit dem Französischen sehr von dieser Sprache beeinflusst wird, und deren Merkmale *Belgismen* genannt werden.

Die Deutschsprachige Gemeinschaft verfügt zwar über genügend eigene Sprachnormautoritäten. Dazu zählen vor allem die Lehrer aller Schulstufen, auf denen ja durchgängig Deutsch nicht nur Schulfach, sondern auch Unterrichtssprache ist, in den höheren Klassen neben Französisch. Allerdings werden alle Sekundarstufenlehrer wie auch Amtsvorgesetzten an den Hochschulen der Französischen Gemeinschaft ausgebildet, was nicht ohne Einwirkung auf ihre Sprachkompetenz bleibt. Inwieweit die Amtsvorgesetzten oder die Lehrer Besonderheiten des belgischen Deutsch bewusst akzeptieren, wenn auch wohl kaum fördern oder gar verlangen, ist offenbar bislang nicht systematisch untersucht worden. (Ammon 1995: 413–414).

Die belgische nationale Varietät hat außerdem eine eigene Belletristik und Radiofunksender, aber trotzdem keinen wirklichen Sprachkodex: Als Nachschlagewerk wird der Duden (insbesondere der Rechtschreib-Duden) verwendet und die meisten Belgismen befinden sich im Wortschatz, da die Abweichungen in anderen Feldern (Orthographie, Phonetik und Grammatik) als fehlerhaft betrachtet werden.

C. Die Schweiz

1. Geschichte[1]

Die Schweizerische Eidgenossenschaft (Confederación Helvetique) ist eine Zusammensetzung aus verschiedenen Kulturen, die in dieses Gebiet immigriert sind. Ureinwohner der heutigen Schweiz sind die Räter, eine keltische Bevölkerung, deren Idiome verschiedene Dialekte waren, die Gemeinsamkeiten mit dem Ladinisch und Friaulisch aufwiesen. Zwischen dem Ende des 1. Jahrhunderts vor Christus und dem Jahr 400 nach Christus wurden die Räter romanisiert: Zur selben Zeit kamen auch die französischsprachigen Gallorömer in der Westschweiz und die Italiener im Süden hinzu. Um das 5. und das 6. Jahrhundert nach Christus (d. h. zur Zeit der zweiten Lautverschiebung, die in diesem Raum stattfand) kamen die Alemannen an und gründeten die heutige Sprachenlandschaft der Schweiz. Die verschiedenen Sprachgemeinschaften hatten bis 1291, als die Kantone Uri, Schwyz und Unterwalden ein Bündnis gründeten, kaum Kontakt untereinander. Im Laufe der Jahrhunderte haben progressiv auch andere Kantone an dem ursprünglichen Bund teilgenommen. Die moderne Schweiz existierte ab dem Jahr 1848, als die Basis der heutigen Verfassung des Grundgesetzes, die die Mehrsprachigkeit des Landes anerkannte, erschien.

Heutzutage ist die Schweiz ein mehrsprachiges Land, in dem die verschiedenen Landessprachen durch spezielle Gesetze und Institutionen wie durch den *Verein Schweizerdeutsch* (http://www.spraach.ch/index.php?id=24 – Zugriff am 04.09.2013) gefördert werden.

2. Die Sprachliche Landschaft

Die Schweiz ist in 26 Kantone aufgeteilt und hat 4 Landessprachen: Deutsch, Französisch, Italienisch und Rätoromanisch. Nach Artikel 109 der Bundesverfassung zählen zu den Amtssprachen aber nur Deutsch, Französisch und Italienisch, während Rätoromanisch lediglich als eine regionale Amtssprache gilt.

---

1 Vgl. Koller (2000: 572; 587–589), Di Paolo (2001: 51–53), Polenz (1999: 113–114; 147–148; 164–165) und Ammon (1995: 229–245).

Die verschiedenen Sprachen der Schweiz sind trotzdem nicht uniform verbreitet. Deutsch ist die meist gesprochene Landessprache: Nach der Eidgenössischen Volkszählung des Jahres 2000 haben 4.640.359 Einwohner (63,7% der gesamten Bevölkerung) Deutsch als Muttersprache, 1.485.056 (20,4%) sind französische Muttersprachler, indes haben die Italiener und die rätoromanischer Sprecher nur einen kleinen Anteil mit jeweils 470.961 (6,5%) und 35.095 (0,5%). Es ist jedoch auffallend, dass 10% der schweizerischen Bevölkerung keine der Landessprachen beherrscht. Daraus folgt, dass das friedliche Zusammenleben von verschiedenen Kulturen nicht immer problemlos verläuft: Trotz des staatlichen Strebens nach Förderung der verschiedenen Landessprachen – insbesondere Italienisch und Rätoromanisch, die im oben genannten Artikel 109 der Bundesverfassung geschützt werden – können viele Einwohner eigentlich nur die eigene Muttersprache fließend. Andere Wissenschaftler verweisen darauf, dass die verschiedenen Sprachgemeinschaften ohne Konflikte miteinander leben, da sie wenige Kontakte haben. Deswegen haben Deutschschweizer die Gewohnheit ihren eigenen Dialekt auch im Austausch mit Leuten aus anderen Sprachgemeinschaften und mit Ausländern zu verwenden. Daraus folgt, dass sich bspw. Französischsprachige Schweizer von den Konversationen ausgeschlossen fühlen, wenn z. B. die Verkehrssprache eine der anderen Landessprachen ist.

Ein weiteres sprachliches Problem der Schweiz ist die Diglossie der meisten Schweizer, insbesondere der Deutschsprachigen (63% der gesamten Bevölkerung): Neben der Standardsprache verwenden sie den eigenen Dialekt (eine der verschiedenen Varietäten des Schweizerdeutschen) sowohl privat als auch in der Öffentlichkeit. Deswegen ist die Verständigung besonders mit Ausländern, deren Muttersprache nicht Deutsch, sondern z. B. Französisch, Italienisch oder Rätoromansche ist, problematisch: Laut Di Paolo (2001: 55–54) gibt es Konkurrenz zwischen den Landessprachen (insbesondere bezüglich des Schweizerdeutschen) und den Sprachen der Immigranten, während das Englische eine immer wichtigere Rolle spielt. Die Eidgenössische Volkszählung von 2000 widerspricht diesem Befund, weil Englisch (mit seinen 73.425 Sprechern) nur die fünfte Nicht-Landessprache nach Serbokroatisch, Albanisch, Portugiesisch und Spanisch ist. Trotzdem sind diese Daten kontrovers, da sie nicht die Alltagssituation der Sprecher in der Schweiz darstellen: Hägi (2005) berichtete von dem häufigen Code-Switching der meisten Deutschschweizer, die immer mehr Dialekt als Hochdeutsch, auch in der Öffentlichkeit verwenden. Aus diesem Grund wurde auch vorgeschlagen, Schweizerdeutsch als fünfte Landessprache anzuerkennen. Darüber hinaus beweisen die oben genannten Daten nicht, wie in diesem Land die Kommunikation unter Leuten aus verschiedenen Sprachgemeinschaften funktioniert:

Il prestigio internazionale, l'uso assiduo della lingua inglese nei mass-media e nella scienza, nonchè la comodità di utilizzare un codice comune in tutto il territorio elvetico, giustifica la diffusione dell'inglese che, accanto alle lingue maggioritarie, tedesco e francese, conquista una posizione sempre più privilegiata, superando di gran lunga l'italiano e tutte le altre varietà linguistiche e vernacolari. Sebbene allo stato attuale la graduatoria delle lingue per numero di parlanti, pubblicata dall'Ufficio federale di statistica, mostri che l'inglese si (sic!) sia registrato solo all'ottavo posto, è facile prevedere che quest'ultimo possa raggiungere, in tempi relativamente brevi, un'importanza ancora maggiore rispetto a quella odierna. (Di Paolo 2000: 54).

Somit ist zu vermuten, dass die Schweizer sich zukünftig an einer Lingua Franca (z. B. das Englische in Indien) oder an einer neu erfundenen Sprache orientieren werden.

Die Schweiz wird normalerweise als Sonderfall betrachtet, aber aus mehreren Gründen, die nun nachstehend erläutert werden, ist dies nicht so: Obwohl die schweizerische Eidgenossenschaft aus einer Mischung verschiedener Kulturen besteht und trotz der Tatsache, dass die Schweiz die erste Nation ist, in der die Mehrsprachigkeit anerkannt wurde, beobachtet Hägi (2005), dass es keinen Konflikt zwischen dem Hochdeutschen und dem Dialekt gibt, sondern nur zwei verschiedenen Verwendungsweisen. Aus diesem Grund würde auch der Terminus Diglossie nicht passen, obwohl er weithin von Linguisten verwendet wird. Manche Wissenschaftler – darunter Hägi (2005) – sprechen von medialer Diglossie, weil die Standardsprache und die Dialekte Komplementärfunktionen haben[2]. Dahingegen sind Andere der Meinung, die Schweiz habe eine funktionale Diglossie, da die Entscheidung eine Frage der Situation und des Kontextes ist: In den informellen Gesprächen wird lieber Dialekt gesprochen; bei den Behörden, in der Schule, in den Universitäten und in allen formalen Kontexten hingegen häufiger die Standardsprache. Es ist somit fraglich, ob die deutsche Standardsprache in der Schweiz als Fremdsprache gilt oder nicht. Hägi (2005) ist jedoch der Auffassung, dass es nicht immer möglich ist zu bestimmen, welche Rolle die Hochsprache in der Schweiz spielt, weil die Standardsprache auch im Alltag verwendet wird: Aufgrund der hohen Migration in Richtung der stark industrialisierten Zentren ist sie in der Stadt besonders bei Ausländern stark verbreitet. Der Dialekt werde hingegen eher in den Dörfern und auf dem Land gesprochen.

Im Gegensatz zu Deutschland und Österreich richtet sich in der Schweiz richtet sich die Verwendung des Dialekts nicht nach der Zugehörigkeit zu verschiedenen sozialen Klassen, da auch die Gelehrten im Alltag Dialekt sprechen.

---

2   Hochdeutsch kommt eher in der Schriftsprache und Schweizerdeutsch eher in der Mündlichkeit vor.

Schweizerdeutsch könnte demnach die meisten Kommunikationsbedürfnisse erfüllen und deswegen als Standardsprache anerkannt werden (Vgl. Mayer 2006). Die meisten Deutschschweizer (wie auch viele Österreicher) fühlen sich trotzdem benachteiligt, wenn sie besonders in Gesprächen mit Deutschen oder in formalen Situationen ihre eigene Sprache verwenden. Aus diesem Grund versuchen sie, sich dem Bundesdeutschen anzupassen, obwohl ihrer Meinung nach ihr Sprachfluss dadurch verlangsamt wird. Es ist also merkwürdig, dass viele Eltern versuchen, ihren Kindern bereits sehr früh, das deutsche Standarddeutsch zu vermitteln: Der Dialekt beschränkt sich nur auf Märchen oder den vulgären Sprachgebrauch. Daraus ist zu schließen, dass das Schweizerdeutsch und die Hochsprache zwei verschiedene Bedingungen erfüllen und sie nebeneinander existieren könnten. Die Sprachenlandschaft in der Schweiz benötigt trotzdem weitere Studien, um besser definiert werden zu können. Der Ausdruck *Diglossie* kann die heutige Situation der schweizerischen Sprachenlandschaft nicht mehr umfassen und deswegen sind neuere, der Situation angemessene Begriffe erforderlich.

3. Kodifikationszentren der deutschen Sprache in der Schweiz

Auch wenn die Schweiz kein eigenes nationales Wörterbuch besitzt, fördert sie sowohl ihre nationale Varietät des Deutschen als auch die anderen Landessprachen. Neben dem *Verein Schweizerdeutsch* (vgl. S. 30 und 2.5.1.3.1.) wird die deutsche Sprache in der Schweiz von den folgenden Institutionen und Webseiten gefördert:

1. Universität Basel;
2. Universität Zürich;
3. http://www.dialekt.ch/links.htm (Zugriff am 04.09.2013).

3.1 Verein Schweizerdeutsch

Wegen des großen Erfolgs des Nationalsozialismus in Deutschland und aufgrund des Anschlusses Österreichs im März 1938 hat man das Aussterben der alemannischen Dialekte gefürchtet. Dennoch waren sich die Wissenschaftler nicht einig, wie man sie bewahren sollte: Einige – darunter Emil Baer – wollten aus den schweizerischen Dialekten eine alemannische Standardsprache schaffen, um sich damit von den Deutschen differenzieren zu können (Vgl. http://www. spraach.ch/index.php?id=22 – Zugriff am 04.09.2013). Dagegen waren allerdings einige Wissenschaftler wie Dr. Adolf Guggenbühler (Leiter des Schweizer-Spiegel-Verlags) oder Prof. Dr. Eugen Dieth der Universität Zürich der Meinung,

dass „die deutsche Hochsprache [...] trotz der Ungunst der Zeit unbedingt bei-
zubehalten [sei]" (Trüb: 1968. Vgl. http://www.spraach.ch/index.php?id=22 –
Zugriff am 04.09.2013), und dass „die Mundart als solche aufzuwerten [sei]"
(Ebd.). Aus diesem Grund wurde 1938 das *Bund Schwyzertütsch* gegründet,
das später in drei Zweigvereine (Zürcher Zweigverein und ein Zweigverein
in Luzern und Zug) gespaltet wurde. Damit ist demnach der heutige *Verein
Schweizerdeutsch* entstanden.

Ziel des Vereins ist es, „die Kenntnis, das Ansehen und die Pflege der zürich-
deutschen Mundart" (Vgl. http://www.spraach.ch/index.php?id=24 – Zugriff am
04.09.2013) durch Veranstaltungen, Sprachkurse und Publikationen zu fördern.
Außerdem werden Vorschläge für die korrekte Schreibung des zürcherischen
Schweizerdeutschen gemacht, Wörterbücher und Lehrmittel erstellt. Zu weitere
Informationen, vgl. http://www.spraach.ch/index.php?id=24).

4. Schweizerismen

Was ist ein Schweizerismus/Helvetismus? Und wie können sie erkannt werden?

4.1 Definition und Kriterien zur Erkennung der Schweizerismen/Helvetismen

Der Begriff *Helvetismus* ist auf den lateinischen Namen der Einwohner der
Schweiz zurückzuführen und wurde später in die französische Sprache übernommen. Daraus entstanden die Ausdrücke *helvetisch* und *Helvetismus*. Da es
sich um ein gehobenes Wort handelt, das ebenfalls unklar – man kann nicht davon ausgehen, dass jeder über Französisch- oder Lateinkenntnisse verfügt – und
begrenzt sein kann – der lateinischen Name war nur auf eine der verschiedenen
Bevölkerungen, die Helvetien, bezogen – sei der Terminus *Schweizerismus* zu
bevorzugen. Polenz (1999) schlägt für Deutschland den Terminus *Deutschlandismus* anstelle von *Teutonismus* vor.

Obwohl der Begriff *Schweizerismus* ähnlich wie *Helvetismus* problematisch
ist, verdeutlicht er eher, dass er die typischen Ausdrücke der Schweiz, die sowohl
den Wortschatz als auch die Grammatik oder die Pragmatik betreffen können,
umfasst. Laut (Ammon 1995: 251) und Schmidlin (2011) ist es trotzdem schwer,
eine einheitliche Definition von Helvetismus zu geben.

Im Gegensatz zu den *Austriazismen* (vgl. D4) ist es bei den Helvetismen so,
daß zwar der Rechtschreib-Duden in der Schweiz offizielle Geltung hat, jedoch
keiner der verschiedenen Teile des Schweizer Binnenkodexes. Insbesondere liegt
für die Schweiz kein eigenes amtliches Wörterbuch vor. Dennoch haben die verschiedenen Teile des Schweizer Binnenkodexes faktische Geltung, ohne dass in

den meisten Fällen klar wäre, in welchen Domänen und bis zu welchem Grade. Ähnlich gelten außerdem weitere Teile des Sprachkodexes Deutschlands als faktisch, also nicht wie der Rechtschreib-Duden von Amts wegen. Aufgrund dieser Umstände lassen sich schon gewisse Unsicherheiten einer Definition der Helvetismen erkennen, unter denen auch unser Definitionsversuch leidet.

Daraus folgt, dass das schwerwiegendste Problem der Mangel an einem amtlichen Wörterbuch ist. Dennoch ist es wichtig, einige Kriterien zur Kennzeichnung der Schweizerismen zu finden, um sie später mit größerer Sicherheit von den Teutonismen (Deutschlandismen) unterscheiden zu können. Nach Ammons Einschätzung (1995: 251–253) müssen Helvetismen (Schweizerismen) die folgenden Bedingungen erfüllen:

1. Formen, die im Rechtschreib-Duden (1991) enthalten sind, und die als „schweiz." oder „schweiz." in Verbindung mit anderer nationaler oder regionaler Geltung markiert sind. Wichtig hierbei ist, dass sie als Nonstandard gekennzeichnet sind. D. h., dass sie nicht als „alltagsspr.", „fam.", „Jugendspr.", „landsch.", „mdal.", „scherzh.", usw. kategorisiert sind.

2. Ausdrücke, die dem ersten Kriterium nicht entsprechen, aber die sich in Bigler u. a. (1987) oder im *Schweizer Schülerduden* 1 oder 2 (1980; 1976) befinden. Auch in diesem Fall müssen sie nicht als Nonstandard bzw. als Fremdnational gelten. Zudem ist es nicht notwendig, dass sie im *Duden. Das große Wörterbuch der deutschen Sprache* (1976–81), „als Bestandteil der „reinen Hochlautung" im Siebs (1969) oder als Bestandteil der „Standardlautung" im *Aussprache-Duden* (1990) vorkommen. Schließlich müssen diese Sprachformen im *Österreichischen Wörterbuch* national und regional unmarkiert sein.

3. Erfüllen sie nicht die Voraussetzungen der Punkte 1 und 2, so sind diese Sprach-formen folglich Lemmata im Meyer (1989) oder, im Fall der Phraseologismen, im *Duden. Redewendungen* (1992) als „schweiz." markiert beziehungsweise sie tragen die Bezeichnung „schweiz." + eine andere nationale Markierung.

4. Der Ausdruck erfüllt keine der Bedingungen 1 bis 3, aber sie gelten in Boesch (1957a), Burri u. a. (1993) oder Hofmüller-Schenck (1995) als schweizerische Besonderheiten, oder er „erscheint im Siebs (1969), und zwar entweder im Textteil (S. 1–160) als ‚schweizerischer' Bestandteil der „gemäßigten Hochlautung" oder im Wörterbuchteil (S. 163–494) mit der Markierung „schwz.", was sie ebenfalls der „gemäßigten Hochlautung" zuordnet" (Ebd.).

5. Sie sind „aufgrund einer anderen Quelle als den unter (1) bis (4) genannten als Helvetismus identifizierbar" (Ebd.).

Bei einem diachronischen Vergleich von einigen in Ammon (1995: 259–282) enthaltenen Wörtern mit den neuesten Nachschlagewerken, wie das *Variantenwörterbuch der deutschen Sprache* (Ammon et u. a. 2004) oder das *Österreichische Wörterbuch* (Bickel 2012), wird es aber klar, dass die oben genannten Kriterien nicht immer dem heutigen Sprachgebrauch entsprechen. Außerdem wird keine Korpusanalyse (vgl. D2.4) durchgeführt und – ausgenommen von Mayer (1989), das auf einem Korpus von Zeitungen in einer Zeit von 40 Jahren basiert – ist es unklar, ob die enthaltenen Termini das Ergebnis von eigenen Einschätzungen oder Erfahrungen sind und die oben-genannten Kriterien noch die Realität darstellen.

In dieser Arbeit gelten als Schweizerismen (Helvetismen):

1. Wörter, die in Ammon (1995), Ammon et al. (2004) und in COSMAS II als typisch schweizerisch verstanden werden. Die Termini müssen also in der Liste der Helvetismen in Ammon (1995: 259–282) erscheinen und die Bezeichnung CH in Ammon et al. (2004) tragen. Zur Überprüfung wird COSMAS II herangezogen: Wenn sie bei der „Länderansicht" nicht die Mehrzahl der Treffer in der Schweiz haben, sind sie für unspezifische Schweizerismen zu halten.

2. Ausdrücke, die in Ammon (1995), Ammon u. a. (2004) und Meyer und Bickel (2006) als Helvetismen aufgelistet werden. Wenn sie bei der „Länderansicht" in COSMAS II auch viele Treffer in Deutschland und in Österreich aufweisen und in Bickel u. a. (2012) keine örtliche Angabe tragen, gelten sie als unspezifische Helvetismen.

3. Termini, die in Ammon (1995), Ammon et al. (2004) und im *Duden. Deutsches Universalwörterbuch* (2011) erscheinen. In dem letzten Fall dürfen sie nicht die Markierungen JUGENDSPR., SALOPP, SÜDD., SCHWEIZ.-ÖSTERR., LAND-SCH., UGS., MDAL, FAM., VER. tragen.

4. Wortformen, die in der Liste der Helvetismen in Ammon (1995) erscheinen, und die in Ammon et al. (2004) die Bezeichnung CH tragen.

5. Wörter, die aufgrund der Voraussetzungen in den Punkten 1–4 als Schweizerismen erkennbar sind.

Daraus folgt, dass die hier angegebenen Schweizerismen – wie auch die Austriazismen und Deutschlandismen (Teutonismen)[3] – im engeren Sinne verstanden werden sollen, da eine Unterscheidung, welche verschiedenen Standardvarietäten der deutschen Sprache angehören, eher schwierig ist. Wenn ein Ausdruck

---

3   Zu den Austriazismen vgl. D4. Zu den Deutschlandismen vgl. E5.

die Markierungen „SÜDD.", „SCHWEIZ.-ÖSTERR." oder „LANDSCH." trägt, kann er nicht als Schweizerismus (Helvetismus) erkannt werden, weil diese Bezeichnungen suggerieren, dass er für das schweizerische Standarddeutsch nicht typisch ist. In diesem Fall handelt es sich um einen unspezifischen Ausdruck, der als solcher keine diatopische Markierung tragen sollte. Das gleiche gilt für die Bezeichnung „VER.", da sie unterstreicht, dass ein bestimmtes Wort nicht mehr zu der heutigen Alltagssprache gehört.

4.2 Merkmale des schweizerischen Standarddeutsch

Das schweizerische Standarddeutsch ist keine einheitliche Sprache, aber trotzdem lassen sich nach Ammon (1995: 255–258) und Wiesinger u. a. (2009: 259–277) folgende Gemeinsamkeiten herauskristallisieren[4]:

Phonologie

Vokale

1. Die Kurzvokale ([i], [y] und [u]) werden geschlossen ausgesprochen, wie in den folgenden Beispielen:

   muss → D: [mʊs] CH: [mus]

   Müll → D: [mʏl] CH: [myl]

   Holz → D: [hɔlts] CH: [holts]

   möchte → D: [mˈœçtə] CH: [mˈøçtə]

   Ägypten → D + AT: [ɛgˈʏpten] CH: [ɛgˈipten]

2. Silbenlautende Vokale werden ohne Glottisschlag ausgesprochen:

   Acht → D: [ˈʔaxt] CH: [ˈaxt]

   Aufopfern → D: [ˈˌʔaʊfˈʔɔpfɐn] CH: [ˈaʊfɔpfɐn]

3. „*ei*" → D: [aɛ] CH: [ae], [aɪ], [æɪ]

   „*au*"→ D: [aɔ] CH: [ao], [aʊ], [æʊ]

   „*eu*"→ D: [ɔœ] CH: [ɔʏ], [ɔe], [ɔɪ]

4. <u> wird zu [œ] in manchen Lehnwörter aus dem Englischen:

   Ingenieur → D + AT: [inʒenˈɪøːʳ] CH: [ɛ̃ʒenˈɪœʳ]

5. Wegfall des Schwas am Ende von Fremdwörter aus dem Französischen, vor allem bei den Suffixen <age> und <euse>:

   Drainage → D + AT: [draɪˈnaʒə] CH: [draɪˈnaʒ]

   Garage → D + AT: [garˈaʒə] CH: [garˈaʒ]

---

4 Alle Beispiele in diesem und in den folgenden Abschnitten stammen aus Ammon (1995: 247–282).

Nuance → D + AT: [nu'ansə] CH: [nu'ans]
Chauffeuse → D + AT: [ʃaf:'øːzə] CH: [ʃaf:'øːz]
Pédicure → D + AT: [pedɪ'kuə] CH: [pedɪ'kuʁ]

6. Mit Schwa am Ende:
   Clique → D + AT: ['klɪk] CH: ['klɪkə]
   Crème → D + AT: ['krem] CH: ['kremə]
   Enquête → D + AT: ['ɛnket] CH: ['ɛnketə]

7. D: [uː] → AT: [ue], CH: [uə]:
   Hueber → D: ['huːbə] CH: ['huəbə]
   Ueli → D: ['uːlɪ] CH: ['uəlɪ]

8. D + AT: [yː] → CH: [yə]
   Büeler → D + AT: ['byːlə] CH: ['byələ]
   Grüebel → D + AT: ['gryːbel] CH: ['gryəbel]

9. D + AT: [iː] → CH: [iə]
   Diem → D + AT: ['dɪːm] CH: ['diəm]
   Lienert → D + AT: ['lɪːnət] CH: ['liənət]
   Aber:
   Schmied → D + AT + CH: ['ʃmɪːd]
   Wiedmer → D + AT + CH: ['wɪːdmə]

10. <-it>, <-ik>, <-iz>, <-atik>, <-atisch> in Lehnwörter werden kurz ausge-
    sprochen:
    Appetit → D + AT: ['apːetɪːt] CH: ['apːetɪt]
    Liter → D + AT: ['lɪːtə] CH: ['lɪtə]
    Thematik → D + AT: ['tematɪːk] CH: ['tematɪk]
    Miliz → D + AT: ['mɪlɪːz] CH: ['mɪlɪz]
    dramatisch → D + AT: [dra'maːtɪːʃ] CH: [dra'maːtɪʃ]

Gemeinsam mit dem österreichischen und deutschen Deutsch sind:
1. die Aussprache von „nie", „Tuch", „süß", „Tee", „Not", „schön";
2. der „Ä"-Laut bei Wörter wie „Zähne";
3. der langer und kurzer „A"-Laut bei „Wahl", „nass", usw.

Konsonanten
Bei der Aussprache der Konsonanten sind folgende Auffälligkeiten typisch für
das schweizerische Standarddeutsch:

1. intervokalische Konsonanten werden verlängert, wie in den Wörtern:
   Watte → D: [v'atə] CH: [v'atːə]
   Tasse → D: [t'asə] CH: [t'asːə]
   alle → D: ['alə] CH: ['alːə]

2. <b, d, g, s> am Wortende werden stimmhaft ausgesprochen:

Laub → D: [laɔp] CH: [laɔb]

Rad → D: [ʁat] CH: [ʁaːd]

Weg → D: [veːk] CH: [veːg]

Grass → D: [gʁaːs] CH: [gʁaːz]

3. <b, d, g, s> im An- und Inlaut werden stimmlos ausgesprochen:

Bau → D: [baɔ] CH: [baɔ]

Ode → D: [ˈoːdə] CH: [ˈoːdə]

grau → D: [gʁˈaɔ] CH: [gʁˈaɔ]

Sonne → D: [zˈɔnːə] CH: [zˈɔnːə]

4. <r> ist nach Langvokal, in Präfixen und Suffixen stimmhaft:

Meer → D: [meːɐ] CH: [meːʁ]

Vater → D: [fˈaːtɐ] CH: [fˈaːtəʁ]

erleben → D: [ɐlˈeːbm] CH: [ɛʁlˈeːbən]

5. <qu> → D: [kv] CH: [kʊ]:

Quatsch → D: [kvˈatʃ] CH: [kʊˈatʃ]

Quark → D: [kvˈaʁk] CH: [kʊˈaʁk]

6. [f]-Aussprache des geschriebenen <v> in manchen Lehnwörtern:

Advent → D: [adˈvɛnt] CH (teilweise auch AT): [adˈfɛnt]

Advokat → D: [adˈvoːkaːt] CH: [adˈfoːkaːt]

Kadaver → D: [kaˈdaːvəʁ] CH: [kaˈdaːfəʁ]

November → D: [noˈvəmbəʁ] CH: [noˈfəmbəʁ]

Venedig → D: [vɛˈnɛdɪç] CH: [fɛˈnɛdɪg]

7. [ɣ]-Aussprache des <ch>- in Wörtern wie:

Chemie → D: [ˈçemɪː] CH: [ˈɣemɪː]

China → D: [ˈçɪna] CH: [ˈɣɪna]

Chirurgie → D: [ˈçɪʁuʁʒɪː] CH: [ˈɣɪʁuʁʒɪː]

8. [k]-Aussprache des <g> im Suffix -<ig> und im unbetonten Wortelement -<igt>:

ewig → D: [ɛvɪç] CH: [ɛvɪk]

Ludwig → D: [ˈludvɪç] CH: [ˈludvɪk]

genehmigt → D: [gɛnɛːmɪçt] CH: [gɛnɛːmɪkt]

9. Aussprache des Suffixes -<ment> als [mɛnt]:

Abonnement → D: [abonːeˈmaŋt] CH: [abonːeˈmɛnt]

Appartament → D: [apːartaˈmaːt] CH: [apːartaˈmɛnt]

Departement → D: [ˈdepaʁtəmaːt] CH: [ˈdepaʁtəmɛnt]

Einzelfälle sind:

1. D: [ʒ] in Wörter wie Algier → CH: [g]
2. D + AT: [g] → CH: [dʒ] in Maggi;

3. D + AT: [ʒ] (z. B. jovial) → CH: [j]
4. D + AT: [g] → CH: [ʒ] (z. B. Geste, Nostalgie)

Akzent und Tonhöhe
Obwohl offiziell nur der Wortakzent kodifiziert wird, gibt es auch typische prosodische Merkmale des schweizerischen Standarddeutschen:

1. Akzent auf der ersten Silbe (oder Bestimmungswort) bei Entlehnungen aus dem Französischen – z. B. Àsphalt vs. Asphàlt; Àpostroph vs. Apostròph; Bìllet vs. Billèt; – oder bei Akronymen (FDP, RDS, YB, usw.);
2. Akzent auf der letzten Silbe, z. B. Sakkò vs. Sàkko;

Die schweizerische Aussprache der Wörter *Abteil, Anis, Bürgermeister, Durcheinander, Marzipan, Oberstleutnant, Motor, Tabak, Elektron, Mannequin* sind nach Ammon (1995: 258) auch im Gesamtdeutschen üblich.

Der Tonhöhenverlauf ist jedoch nicht kodifiziert und einige Merkmale erstrecken sich auf die gesamte alemannische Dialektregion.

Grammatik
Grammatische Merkmale des schweizerischen Standarddeutschen umfassen nach (Ammon 1995: 279–280) die folgenden Aspekte:

1. Artikelwechsel von einigen Substantiven (z. B. D: s *Achtel* → CH: r/s *Achtel*; D: r *Kamin* → CH: r/s *Kamin*; D: e *Couch* → CH: s/e *Couch*; D: e *Malaise* → CH: s *Malaise*; D: r *Bikini* → CH: s *Bikini*);
2. Veränderung des Plurals (z. B. D: r *Bogen, -* → CH: r *Bogen*, die *Bögen*; D: s *Abonnement, -* → CH: s *Abonnement*, die *Abonnemente*; D: r *Zubehör, -e* → CH: r *Zubehörd*, die *Zubehörden*);
3. Verwendung der schwachen Deklination anstelle der starken bei Nomen wie der *Magistrat* oder ähnliche;
4. Das Perfekt mit *sein* bei *abhängen, hängen, liegen, sitzen, stecken, stehen*;
5. Ab-/Anwesenheit des Umlauts bei Verben wie *einladen*;
6. Starke Konjugation des Verbs *speisen*;
7. Veränderungen bei der Zusammensetzung von Wörtern:
   a. Kein Fugen-*e* bei *Blasbalg, Fegfeuer, Mausfalle, Badanstalt, Badkleidung,* usw.;
   b. Anwesenheit der Fugen-*en* bei *Hengstendepot, Krebsenmahl, Stierenhater,* usw.;
   c. Anwesenheit des Fugen-*s* bei *Rindsbraten, Schweinsbraten, Schweinschnitzel, Zugsabteil, Zugspersonal, Zugsunglück, Wagonsfabrik,* usw.;
   d. Keine Fugen-*s* bei *Hemdärmel, hemdärmelig,* usw.;

e. getilgte *e*- oder *en*-Endung als Fugenzeichen bei *Schattseite, Sonnseite, Adresskartei, Kirchgemeinde,* usw.;

f. Verbalsubstantiv auf *–ung* + s + Substantiv (z. B. *Rechnungsausgabe, Zeichnungsblatt, Zeichnungsblock, Zeichnungsstunde,* usw.)

g. umgelautetes Grundwort bei *hundertgrädig, vorbehältlich,* usw.;

h. zusammensetzte Substantive wie *Bernervolk, Drittperson, Schweizerdeutsch, Schweizerhochdeutsch, Wienerschnitzel, Zürcherdialekt,* usw.;

8. Ableitung:

a. Suffix *–er* (z. B. *Volkswirtschafter, Wissenschafter, Zuzüger,* usw.);

b. Suffix *–li* bei *Häuptli, Wädli, Rüebli,* usw.;

c. Suffix *–or* (z. B. *Instruktor, Redaktor,* usw.);

d. Suffixloses maskulinisches Verbalsubstantiv (s. *Unterbruch, Verschrieb, Rücksand, Zusammenzug, Einsitz,* usw.);

e. Ableitung mit Suffix *–ler* bei *Bänkler, Köpfler, Pöstler,* usw.;

f. Komplexe Verbbildungen wie *campieren, grillieren, jemanden konkurrenzieren/jemandem Konkurrenz machen, parkieren,* usw.;

g. *Föppeln, frägeln, klöpfeln,* usw.

Zu weiteren Details und Einzelheiten des schweizerischen Standarddeutschen werden Bänziger (1970), Kaiser (Bd. 2, 1970), Meyer (1989; 1994: 17–19); Gelhaus (1972) und Roher (1973) empfohlen.

Pragmatik

Wie bereits im Bezug auf die Tonhöhe erwähnt, gibt es auch für die Pragmatik in der Schweiz keine Standardisierung, „zumindest nicht im Sinne einer Standardvarietät, worauf nationale Varietäten für die vorliegende Untersuchung festgelegt wurden" (Ammon 1995: 280). Trotzdem können die folgenden Konstanten erkannt werden:

1. Im Gegensatz zu Deutschland wird in der Regel auf das Ende der Rede des Gesprächspartners gewartet;

2. der Gebrauch der Raumeinheit Deziliter auch außerhalb der naturwissenschaftlichen Bereiche;

3. die Verwendung der Ausdrücke *Abtreten!, Achtung – steht!* oder *Ruhn!* anstelle von *Wegtreten!, Stillgestanden!* oder *Rührt euch!* im militärischen Bereich;

4. *Fürio!* anstelle von *Feurio!* als Alarmruf bei einem Brand;

5. die Begrüßungen *Grüezi!, Salü!* und *Tschau!*;

6. die Aufschrift *stoßen* an Türen;

7. *Ja, gern* hingegen zu *Ja, bitte*;

8. wie im ganzen alemannischen und schwäbischen Bereich werden die Diminutiven viel häufiger als in Deutschland und in Österreich verwendet.
9. Die Schreibung von 1'000, 1'000'000 oder 1'000'000'000 anstelle von 1.000, 1.000.000 oder 1.000.000.000 (1. Mio.).

Zu weiteren pragmatischen Merkmalen siehe auch Roher (1973), Oplatka-Steinlin (1971) und Stirnemann (1980).

Orthographie

Entscheidende Merkmale der schweizerischen Orthografie sind die Abwesenheit des „ß" und die Ersetzung der Buchstaben mit Umlaut mit den entsprechenden Diphthongen (D: „ä" → CH: „ae"; D: „ö" → CH: „oe"; D: „ü" → „ue"). Besonders durch die Verdoppelung des „s" am Wortende und nach Langvokalen werden viele Helvetismen geformt.

Außerdem stehen nach Ammon (1995: 254–255) für den typisch schweizerischen Ausdruck:

1. Die Spaltung des doppelten „s" bei der Worttrennung (z. B. *Strasse*);
2. die Schreibung *Bretzel, Zürcher, zürcherisch* oder *Müesli* statt *Brezel, Züricher, züricherisch* oder *Müsli*;
3. die Haltung der etymologischen Orthografie bei manchen Lehnwörtern aus dem Französischen und Englischen (s. *Apéritif, Bohème, Crawl, crawlen, Pédicure, Réception, Résumé,* usw.);
4. Bestimmungswörter, die eine geografische Zuordnung treffen, werden zusammengeschrieben (z. B. *Schweizerhochdeutsch, Zücherart, Amerikanerwagen, Zürcherdialekt,* und ähnliche);
5. Klein- und Zusammenschreibung von Ausdrücken wie *zurzeit*;
6. a./alt vor Amtsbezeichnungen (s. a. *Bundesrat/alt Bundesrat; punkt (ein Uhr).*

D. Österreich

1. Geschichte[1]

Mit seinen 8. 420.900 Einwohnern (Statistik Austria 2011)[2] ist Österreich das zweitgrößte Vollzentrum der deutschen Sprache nach Deutschland und hat seit Jahrhunderten „ein besonderes politisches und kulturelles Profil entwickelt" (Ammon 1995: 117). Politisch wurde es 1156 eigenständig, nachdem der Kaiser Barbarossa das Land der Babenberger zu einem Herzogtum innerhalb des Heiligen Römischen Reichs gemacht hatte. Seitdem war Wien bis zu Beginn des 19. Jahrhunderts Sitz des Kaisers des Heiligen Römischen Reichs (Ebd: 117–118).

Österreich hat sich nicht nur auf der politischen, sondern nach dem 16. Jahrhundert auch auf sprachlicher Ebene entwickelt. Das Streben nach einer eigenen Sprachvarietät verstärkte sich jedoch laut Ammon (1995: 118–119) erst ab der Zeit der Aufklärung. Zu dieser Zeit sind zwei Tendenzen entstanden: Offiziell hat Österreich während der Regierung von Maria Theresias das *Meißnische Deutsch* (vgl. Kap. 3.1. und Polenz 1999: 418–420) – das viele Merkmale aus Sachsen und Mitteldeutschland aufwies – akzeptiert, aber einige Intellektuelle haben für eine selbständige Varietät des Deutschen gekämpft. Deswegen wurden viele Glossare mit spezifischen österreichischen Ausdrücken erstellt, die jedoch nicht publiziert worden sind (Ebd.: 118). Österreich – und insbesondere Wien – hatte außerdem eine wichtige kulturelle Funktion: Zu dieser Zeit kamen viele Leute aus der ganzen Welt nach Österreich, um die Musik von berühmten Komponisten wie W. A. Mozart hören zu können.

Mit der Abdankung von Franz II. als Kaiser im Jahr 1806, löste sich das Heilige Römische Reich auf, und Österreich verlor seine symbolische Funktion. Trotzdem bewahrte Österreich eine wichtige Rolle auf sprachlicher Ebene, weil es in diesem Bereich immer noch mit den übrigen deutschsprachigen Ländern verbunden war (Polenz 1999: 119). 1815 wurde der Deutsche Bund mit den anderen deutschsprachigen Ländern gegründet und Österreich übernahm seinen Vorsitz bis 1866 (Ebd.: 119–120). Damit wurde die politische Macht des Lan-

---

1   Dazu vgl. Ammon (1995: 117–136).
2   http://www.statistik.at/web_de/statistiken/bevoelkerung/index.html   (Zugriff   am 2.03.2013).

des verstärkt. Die 1867 entstandene k. u. k. Monarchie, die viele Länder in Ost-und Mitteleuropa umfasste, wurde zu einem wichtigen kulturellen Zentrum: Österreich war das Vaterland von Schriftstellern wie Robert Musil, Thomas Bernhard und Psychologen wie Freud oder Jung. Auch aus anderen Gebieten der k. u. k. Monarchie kamen Intellektuelle nach Österreich, wie z. B. Paul Celan. Mit den Friedensverträgen von Versailles im Jahre 1918 verlor Österreich trotzdem all seinen Besitz und die internationale Stellung dieses Landes änderte sich: Aus einem Reich, das 10 Länder umfasste, entstand eine Republik mit den heutigen Grenzen.

Während der 1920er Jahre verstärkten sich die nationalsozialistischen Tendenzen und 1939 wurde Österreich von Deutschland annektiert, weil es als Ostmark galt: In seiner Vorgeschichte waren einige deutschsprachige Bevölkerungen nach Österreich migriert. Aus diesem Grund fühlte sich Hitler autorisiert, dieses Land an Deutschland anzuschließen. Widerstand aus der Bevölkerung gab es nicht, da Hitler selbst bis 1932 Österreicher war. Österreich verlor seine politische Unabhängigkeit und wurde von Deutschland völlig unterdrückt.

Nach dem Zweiten Weltkrieg wurde Österreich von Deutschland getrennt, aber bis 1955 von den amerikanischen Truppen kontrolliert (Ebd: 126). Außerdem durfte Österreich bis zu diesem Zeitpunkt ähnlich wie Japan über keine eigene Armee verfügen.

Seit 1955 ist Österreich ein selbständiger Staat mit Nationalbewusstsein und verschiedenen Sprachminderheiten. Das Deutsche ist laut dem 7. Artikel der Bundesverfassung Amtssprache und ist als Österreichisches Deutsch bekannt (vgl. auch Muhr 2003: 196).

2. Österreich als nationales Zentrum der deutschen Sprache

In einem Beitrag aus dem Jahr 2000 stellt Peter Wiesinger in Frage, ob das österreichische Standarddeutsch eine selbstständige nationale Varietät der deutschen Sprache ist, da es viele Merkmale aufweist, die auch im süddeutschen Raum und in der Schweiz üblich sind. Er zitiert eine Studie von Jakob Ebner aus dem Jahr 1980, in der bewiesen wird, dass nur 3% des Wortschatzgutes in den deutschen Wörterbüchern wie der Duden oder der Brockhaus – Wahrig zu den spezifischen Austriazismen (Vgl. D4) zählt (Wiesinger 2000: 555). Deswegen und aufgrund der Tatsache, dass 6% der Österreicher noch im Jahre 1993 der Auffassung waren, dass Österreich keine Nation sei, kann man laut Jakob Ebner nicht behaupten, dass dieses Land eine eigene nationale Standardvarietät hat. Peter Wiesinger widerspricht dieser These, weil „*Nation* und *Sprache* […] in Österreich im Verlauf der letzten 250 Jahre auf Grund der wechselnden ideologischen und politischen Verhältnisse in sehr unterschiedlicher Weise miteinander verbunden [sind]" (Wiesinger 2000: 558). Mit den Befunden von einigen Umfragen, er in den Jahren 1986 und 1991 durchgeführt hat, wird gezeigt, dass rund die Hälfte der Österreicher zumindest einen typisch österreichischen Faktor auf der sprachlichen Ebene erkennen kann. Aus diesem Grund stimmt Wiesinger mit Rudolf Muhr, Wolfgang Pollak, Ingo Raffenstein und anderen überein, dass Österreich eine eigene nationale Sprachvarietät besitzt.

Das plurizentrische Modell wird trotzdem nicht nur von Jakob Ebner, sondern auch von anderen Wissenschaftlern – wie Heinz Dieter Pohl – kritisiert. Hauptkritiken sind laut Ammon (1995: 133–ff.) folgende:

1. Nonstandardformen (Umgangssprache, Dialekt, Jargon, Slang) können im *Österreichischen Wörterbuch* nicht von den Standardformen unterschieden werden, da sie unmarkiert vorkommen;
2. „die Grenzen der Gebrauchsregionen der einzelnen Wörter [sind] nicht oder unzureichend angegeben […]" (Ebd.: 134);
3. das Österreichische Wörterbuch beweist Mängeln auf der wissenschaftlichen Ebene. Deswegen ist die wissenschaftliche Fundiertheit und Anerkennung des eigenen Kodexes in Frage zu stellen.

Meines Erachtens sind diese Thesen nicht nachvollziehbar, weil die Situation Österreichs mit der der Schweiz nicht vergleichbar ist. Im Gegensatz zur Eidgenössischen Gemeinschaft, hat Österreich einen eigenen Sprachkodex, der von der Mehrheit der Bevölkerung akzeptiert, verstanden und verwendet wird, obwohl Clyne (1995: 33), Martin (1995: 140), Muhr (1995: 82–83) und Muhr (2003: 24) u. a. von einer „sprachliche[n] Schizophrenie" und „innere[n] Mehrsprachigkeit" sprechen. Muhr (1995) berichtet nämlich, dass in vielen österreichischen Fernsehsendungen in hohem Maße Bundesdeutsch gesprochen wird, dass auch die in Deutschland bei *Suhrkamp* oder anderen Verlagen erschienenen Bücher von österreichischen Schriftstellern puristisch bearbeitet werden, und dass selbst die Bevölkerung in der Öffentlichkeit versucht, die eigene Sprache am Beispiel der deutschen Standardvarietät zu berichtigen. Daraus ist zu schließen, dass die Stellung einer Sprache sehr mit den Stereotypen verbunden ist, und dass die Österreicher – wie auch die Schweizer – sich benachteiligt fühlen, wenn sie in formellen Situationen ihre eigene Sprache verwenden. Das reicht dennoch nicht, um zu behaupten, dass Österreich kein nationales Zentrum der deutschen Sprache ist: Der Besitz eines eigenes Sprachkodexes neben den Zahlen der Umfrage von Wiesinger, die oben erwähnt wurden, und die Tatsache, dass 1995 die Europäische Union 21 Austriazismen anerkannt hat, sind meiner Meinung nach gute Gründe, um von einer österreichischen Standardvarietät sprechen zu können. Darüber hinaus können selbst die Österreicher trotz der „kulturellen Hinterwürfigkeit" und der „sprachlichen Schizophrenie" (Muhr 1995: 81-ff.) ihre eigene Sprache von der, die in Deutschland gesprochen wird, unterscheiden, und dass auch die Versuche des Dudenverlags, eine österreichische Version des *Schülerdudens* – die in der Schweiz sehr üblich ist – nie erfolgreich waren, weil die Lehrer ihren Schülern lediglich das *Österreichische Wörterbuch* empfohlen haben, auch wenn der *Österreichische Schülerduden* von einem Österreicher, Jakob Ebner, herausgegeben wurde (vgl. Ammon 1995: 137–141). Aus allen diesen Gründen ist Österreich als ein nationales Zentrum des Deutschen zu betrachten.

3. Kodifikationszentren der deutschen Sprache in Österreich

Das Deutsche in Österreich wird durch Institute wie das *Bundesministerium für Unterricht, Kunst und Kultur*[3], durch den *Verein Österreich-Kooperation*,[4] das *Österreich-Institut GmbH*[5] und den *Österreichischen Bundesverlag*[6], der seit dem Jahr 1952 das *Österreichische Wörterbuch* herausgibt, gefördert. Da der Fokus meiner Arbeit auf der Standardvarietät Deutschlands liegt, werden diese Institute hier nur kurz angeführt.

3.1 *Bundesministerium für Unterricht, Kunst und Kultur*

Das *Bundesministerium für Unterricht, Kunst und Kultur* (BmuKK) ist die Institution, die sich in Österreich mit Bildung (d. h. Schule, Universität und lebenslangem Lernen), und mit den verschiedenen Kunst- und Kulturformen beschäftigt. Außerdem fördert sie das Österreichische Deutsch und die Mehrsprachigkeit durch Projekte – die teilweise auch von der Europäischen Union unterstützt werden – und durch Portale (z. B. www.muttersprachlicher-unterricht.at – Zugriff am 05.09.2013), um Informationen und Lehrmittel zu den Minderheitssprachen (Serbisch, Kroatisch, Bosnisch, Türkisch und Albanisch) und weiteren lebenden Fremdsprachen (z. B. Englisch) zu sammeln. Seit 2007 hat dieses Amt Frau Dr. Claudia Schmied inne. Zu weitere Informationen, vgl. http://www.bmukk. gv.at/index.xml (Zugriff am 05.09.2013).

---

3 http://www.bmukk.gv.at/ (Zugriff am 02.03.2013).
4 http://www-gewi.uni-graz.at/tdg/oe_kooperation.shtml (Zugriff am 03.03.2013).
5 http://www.oesterreichinstitut.at/ (Zugriff am 03.03.2013).
6 http://www.oebv.at/sixcms/list.php?page=startseite&pfreset=true (Zugriff am 02.03.2013).

3.2 Verein Österreich-Kooperation

Der 1994 gegründete *Verein Österreich-Kooperation* fördert zusammen mit dem Bundesministerium für Unterricht, Kunst und Kultur (s. oben) die Mobilität von Graduierten und Studierenden an Schulen und Universitäten im Ausland (vgl. http://www-gewi.uni-graz.at/tdg/oe_kooperation.shtml – Zugriff am 05.09.2013). Außerdem betreut diese Einrichtung das Österreichische Sprachdiplom auf bürokratischer Ebene, und gibt den Studierenden des Faches Deutsch als Fremdsprache die Möglichkeit, ein Praktikum in diesem Bereich zu absolvieren. Weitere Informationen auf http://www-gewi.uni-graz.at/tdg/oe_kooperation. shtml (Zugriff 05.09.2013).

3.3 Österreich-Institut GmbH

1997 wurde das *Österreich-Institut* gegründet für die Durchführung von Deutschkursen und die Unterstützung und Förderung von Deutschunterricht im Ausland gegründet. Der Hauptsitz des Instituts ist in Wien, aber es hat weitere Zweigstellen europaweit. Weitere Informationen unter: http://www. oesterreichinstitut.at/oesterreichinstitut.html (Zugriff am 05.09.2013).

3.4 Österreichischer Bundesverlag[7]

Der Österreichische Bundesverlag wurde 1923 in Wien eröffnet. Zuerst handelte es sich um einen kleinen Laden, der sich hauptsächlich mit Pädagogik, Kinder- und Jugendliteratur beschäftigte. Später wuchs der Verlag und seit 1952 gibt er regelmäßig das Österreichische Wörterbuch (vgl. D3.4.1) heraus.

Das Österreichische Wörterbuch

Im Gegenteil zu der Schweiz hat Österreich ein eigenes nationales Wörterbuch, das als *Österreichisches Wörterbuch* (ÖWB) bekannt ist, und das vom Österreichischen Bundesverlag gemeinsam mit dem Bundesministerium für Unterreicht, Kunst und Kultur(s. D3.1) seit 1952 herausgegeben wird. Anlässlich des 60-jährigen Jubiläums wurde eine neue Ausgabe des Wörterbuchs herausgebracht, welche in diesem Abschnitt vorgestellt wird.

Wichtiges Merkmal des Österreichischen Wörterbuchs ist die Kennzeichnung der Deutschlandismen (s. D5.1) mit der Abkürzung *D*. Diese Wörter sind auch als *Sternchen Wörter* bekannt, da sie in der ersten Auflage mit einem Asteriskus gekennzeichnet waren. Das Zeichen weist darauf hin, dass diese Begriffe zwar in

---

7   Vgl. http://www.oebv.net/Wir-ueber-uns (Zugriff am 05.09.2013).

Österreich bekannt, aber unüblich sind. Daher sollten sie vermieden werden. In der letzten Ausgabe des ÖWBs werden trotzdem nicht nur die Deutschlandismen und die Schweizerismen (s. C4) markiert, sondern auch die Südtirolismen (s. B3.1.2). „Die wesentliche Errungenschaft dieser 42. Auflage ist [aber, CS] die starke Erweiterung und Aktualisierung des Wortschatzes, die der rapiden Entwicklung der letzten Jahre auf zahlreichen Wissensgebieten Rechnung trägt"[8]. Weitere Merkmale des ÖWBs ([42]2012) sind folgende:

1. übersichtliche, nestalphabetische Artikelstruktur;
2. etymologische Angaben bei Fremdwörtern;
3. „schüler/innengerechte Definitionen, Beispiele und Redewendungen"[9];
4. die Verwendung von Farben und von Infokästen, besonders um Rechtschreibprobleme zu erklären;
5. Informationen zur sprachlichen Merkmale des österreichischen Deutschen;
6. Erklärung der orthographischen Regeln in Österreich;
7. Einführung in die deutsche Grammatik mit den österreichischen Besonderheiten.

4. Austriazismen: Definition und Kriterien zu ihrer Erkennung

Mit dem Begriff *Austriazismus* sind die typischen Merkmale des österreichischen Standarddeutschen auf der phonologischen, grammatischen, pragmatischen und lexikalischen Ebene gemeint.

Nach Ammon (1995: 143–ff.) sollen Austriazismen folgende Kriterien erfüllen:

1. Formen, die im *Österreichischen Wörterbuch* ([37]1990) vorkommen, und die dort nicht als Nonstandard oder fremdnational markiert sind. Außerdem dürfen sie in *Duden. Das große Wörterbuch der deutschen Sprache* (1976–1981) nicht unmarkiert vorkommen oder „als Bestandteil der ‚reinen Hochlautung‘ im Siebs (1969) oder als Bestandteil der ‚Standardlautung‘ im Aussprache-Duden (1990)" gelten. Daraus folgt, dass die Sprachform die Bezeichnungen „landsch." (landschaftlich), „mda." (mundartlich), „sal." (salopp) oder „ugs." (umgangssprachlich) tragen müssen. Schließlich müssen sie nicht sternmarkiert sein[10].

---

8 http://www.oebv.at/sixcms/list.php?page=suche&modul=produktdetail&isbn=
   3-209-07361-7 (Zugriff am 06.09.2013).
9 Ebd.
10 Vgl. Abschnitt D3.4.1.

2. Wenn die Bedingung (1) nicht erfüllt wird, dürfen sie im Rechtschreib-Duden (1991) oder in Duden. Redewendungen (1992) als „österr." (österreichisch) oder „österr." in Verbindung mit anderen nationalen Angaben vorkommen. Zusätzlich dazu müssen sie nicht in Österreich als Nonstandard gelten, d. h. sie müssen nicht die Markierungen „alltags." (alltagssprachlich), „fam." (familiär), „Jugendspr." (Jugendsprache), „Kinderspr." (Kindersprache), „landsch." (landschaftlich), „mdal." (mundartlich), „scherzh." (scherzhaft), „Schülerspr." (Schülersprache), „stud." (studentisch), „Studentenspr." (Studentensprache), „ugs." (Umgangssprache) haben.

3. Termini, die in Ebner (1980) erscheinen, und die dort nicht als Nonstandard gelten.

4. „Die Sprachform erfüllt keine der Bedingungen (1) bis (3), findet sich aber im Siebs (1969), und zwar entweder im Textteil (S. 1–160) als ‚österreichischer' Bestandteil der „gemäßigten Hochlautung" oder im Wörterbuchteil (S. 163–494) markiert als „ö" oder „Ö", was sie ebenfalls der „gemäßigten Hochlautung" zuweist" (Ebd.). Die Markierung „österreichisch" kann auch mit anderen nationalen oder regionalen Angaben verbunden sein.

5. Formen, die aufgrund der Kriterien (1) bis (4) als Austriazismen erkennbar sind.

Wie schon über die Voraussetzungen für die Erkennung der Schweizerismen erwähnt, ist das Problem dieser Bedingungen das Fehlen von korpusanalytischen Untersuchungen, die klar machen sollten, was österreichisch ist und was nicht. Für die vorliegende Arbeit gelten also als Austriazismen:

1. Ausdrücke, die in Ammon (1995) enthalten sind, und die im *Duden Universalwörterbuch* ([7]2011) die Bezeichnung ÖSTERR. (Österreich) tragen. Außerdem dürfen sie nicht nonstandard sein – d. h. sie müssen die Kennzeichnungen „UMGANGSPR." (Umgangssprache), „JUGENDSPR." (Jugendsprache), „LANDSCH." (landschaftlich), usw. nicht tragen – und in Verbindung mit anderen nationalen oder regionalen Angaben vorkommen. Zur Kontrolle wurde COSMAS II aufgenommen: Wenn dort bei der „Länderansicht" viele Treffer auch in Deutschland und in der Schweiz gefunden werden, handelt es sich um unspezifische Austriazismen.

2. Formen, die in Ammon (1995), Ammon u. a. (2004) und COSMAS II als typisch österreichisch gelten. D. h. sie müssen in Ammon (1995) erscheinen, in Ammon (2004) die Markierung „A" tragen, und bei der „Länderansicht" in COSMAS II die Mehrzahl der Treffer in Österreich haben. Um noch sicherer zu sein, wurden diese Sprachformen auch im *Österreichischen Wörterbuch* ([42]2012) und in Mayer (2006) nachgeschaut: Wenn sie im ersten sternmarkiert

(vgl. Anmerkung 49) werden, und/oder im zweiten vorkommen, sind sie als unspezifische Austriazismen zu betrachten.

3. Spracherscheinungen, die in Ammon (1995) präsent sind, und die in *Österreichisches Wörterbuch* (^{42}2012) nicht sternmarkiert werden. Außerdem müssen sie nicht als Nonstandard gelten, d. h. sie dürfen die Markierungen „UMGANGSPR." (Umgangssprache), „JUGENDSPR." (Jugendsprache), „LANDSCH." (landschaftlich), usw. nicht tragen.

4. Formen, die aufgrund der Quellen in den Kriterien 1 bis 3 als Austriazismen erkennbar sind.

5. Merkmale des österreichischen Standarddeutsch

Laut Ammon (1995: 148–179) und Muhr (2005) hat das österreichische Deutsch folgende Merkmale[11]:

5.1 Phonologie

Vokale

1. Die Opposition zwischen vorne und hinten gebildeten „a" (/a/ vs. /ɑ/) wie im Bairischen;
2. der geringere Öffnungsgrad des Silbenträgers im Diphthong /ɛɪ/;
3. die Aussprache von /y/ als [ɪ]/[ʏ] oder [i:] in einige Lehnwörter (z. B. bei Ägypten);
4. der höhere Entscheidungsgrad bei Wörter wie Medaille ([meˈdailjə]) oder Medaillon ([medaiʼjoːn]);
5. Französische Lehnwörter mit dem Suffix -<ier> werden [iːr] ausgesprochen (s. *Brigadi*er, *Porti*er, usw.);
6. das Schwa am Ende von Fremdwörtern aus dem Französischen fällt weg, besonders bei dem Suffix -*age* (z. B. *Clique, Garage, Nuance, Quadrille*, usw.);
7. die Elemente -*it*, -*ik*, -*iz*, -*atik* und -*atisch* (in der ersten Silbe) in Fremdwörtern werden kurz betont (s. *Appetit, Bisquit, Dolomiten, Fabrik, Kritik, Miliz*, usw.);
8. bei *Bruch, Chef, Wal, Walfisch, Walnuss* usw. werden die Vokalen gelängt.

Konsonanten

1. Stimmlosigkeit von Lenisfrikativen und Lenisplosiven auch vor einer Vokal oder stimmhaften Konsonant (z. B. sanft [zanft], Blatt [blat], usw.);

---

11 Alle Beispiele in diesem und in den folgenden Abschnitten sind auf Ammon (1995: 148–179) und Muhr (2005) zurückzuführen.

2. [o:n]-Aussprache des französischstammenden Suffixes -<on> in Einzelwörtern (z. B. *Fasson, Pardon, Waggon,* usw.);
3. [k]- Aussprache des <ch> vor vorderem Vokal in Lehnwörtern (z. B. *Chemie, China, Chirurg,* usw.). In Wörtern germanischer Herkunft ist es als [ç] ausgesprochen (s. *Cherusker*);
4. [k]-Aussprache des <g> im Suffix -<ig> oder im unbetonten Wortelement -<igt> (z. B. *König, wenig, berechtigt, beschwierigt,* usw.);
5. die plosivische Aussprache vom zwischenvokalischen -<ng> als [ŋg] (z. B. *angeln, Finger,* usw.).

5.2 Akzent

Bei der Akzentuierung der Wörter sind nach den obengenannten Quellen typische österreichische Merkmale:

1. Der Akzent auf der ersten Silbe oder Bestimmungswort bei *Diakon, Erlaucht, Muskat,* usw.;
2. „Zusätzliche Vokalunterschiede bei Kopie [ˈkoːpiə], Labor [ˈlaːbor], Oboe [ˈo(ː)boə]" (Ammon 1995: 154);
3. der Akzent auf der zweiten Silbe in Wörtern wie *Ammoniak*;
4. der Akzent auf der dritten Silbe in *Tingeltangel*;
5. der Akzent auf der letzten Silbe in *Sakko, Kaffee, Nugat/Nougat,* usw.;
6. die Zweisilbigkeit neben einem Diphthong (z. B. *Neutrum* [ne|ˈutrum]).

Die Akzentuierung von Wörtern wie *Abteil, Anis, Bürgermeister, infrarot, Kanu, Tabak, Mathematik,* usw. sind auch in den anderen deutschsprachigen Ländern üblich.

5.3 Grammatik

Im Bereich der Grammatik unterscheidet sich das österreichische Standarddeutsch nach Ammon (1995: 173–176) und Muhr (1995) durch die folgenden Merkmale:

1. Genuswechsel bei Substantiven:
   A: *der/die Sellerie* → D + CH: *die Sellerie*;
   A: *der/das Thermometer* → D + CH: *das Thermometer*;
   A: *die Ausschrank* → D + CH: *der Ausschrank*;
   A: *die/das Labsal* → D + CH: *das Labsal*;
   A: *das Sakko* → D + CH: *der Sakko*;
   A: *das/der Kiefer* → D + CH: *der Kiefer*
   A: *das/die Brezel* → D + CH: *die Brezel*

2. Veränderungen in den Formen des Plurals bei Substantiven:

   A: der *Erlass, die Erlässe* → D + CH: *der Erlass, die Erlasse;*

   A: das *Moos, die Möser/die Moose* → D + CH: *das Moos, die Moose;*

   A: der *Kragen, die Krägen* → D + CH: *der Kragen, die Kragen;*

   A: das *Scheit, die Scheiter* → D + CH: *das Scheit, die Scheite;*

   A: die *Creme, die Cremen/die Cremes* → D + CH: *die Creme, die Crems;*

   A: der *Diwan, die Diwans* → D + CH: *der Diwan, die Diwane;*

3. Die Verwendung des Artikels vor Eigennamen (z. B. *Der Franz* vs. *Franz*);

4. das *–er* Suffix in *der Einser, der Zweier, der Zwölfer,* usw.;

5. die Suffixe *–er, -erer, -ler* bei Substantiven (z. B. *der Finanzer, der Raunzler,* usw.);

6. die Diminutivformen in *-el, -erl, -eln, -ern, -erln,* die teilweise lexikalisiert sind, und die Ableitungen verursachen können (s. *das Brettel, das Hendl, bisserl, das Busserl, fensterln, äußerln, brandeln, zündeln, teppert, wackert,* usw.);

7. *Zugsverkehr* vs. *Zugverkehr, Aufnahmsprüfung/Aufnahmeprüfung, Gelenkentzündung,* usw.;

8. *Mausfalle* vs. *Mausefalle, Taglohn* vs. *Tagelohn,* usw.;

9. *eruiren* vs. *herausfinden, exekutieren* vs. *Auftrag ausführen, transferieren* vs. *versetzten,* usw.;

10. „Verschiedene Suffixe bei Adjektiven und Adverbien mit teilweisen Bedeutungs- unterschieden" (Muhr 2005: 13) (z. B. *grauslich* vs. *grausig, brenzlich* vs. *brenzig,* usw.);

11. die lateinische Form des Genitivs in *–i* bei Feiertagen und die Form des Genitivs in *–s* bei Kirchennamen (z. B. *Stefanitag* vs. *Stefanstag; Martinigans* vs. *Martinsgans; Nikolauskirche* vs. *Nikolaikirche; Jakobskirche* vs. *Jakobikirche*);

12. Unterschiede bei der Schöpfung der Präpositionalverben (z. B. *das Licht aufdrehen* vs. *das Licht andrehen/einschalten; jmd. auslassen* vs. *jmd. freilassen; jmd. ausspotten* vs. *jmd. verspotten; die Tür absperren* vs. *die Tür abschließen; etw. beischließen* vs. *etw. beilagen; sich ausrasten* vs. *sich ausruhen,* usw.);

13. „Zwei Präfixverben haben annähernd dieselbe Bedeutung, sie unterscheiden sich jedoch sowohl hinsichtlich des Basisverbs, als auch hinsichtlich des Präfixes". (Muhr 2005: 15) (s. *mit jmdm. auskommen* vs. *sich mit jmdm. gut verstehen; sich niederlegen* vs. *schlafen legen; beistellen* vs. *bereitstellen,* usw.);

14. die Verwendung der Präposition „ab" im Sinne von „weg" (z. B. *Bringst du den Fleck nicht vom Tischtuch ab?* vs. *Bringst du den Fleck nicht vom Tischtuch weg?*);

15. der häufige Gebrauch des Perfekts (z. B. *Wo waren wir stehengeblieben?* (z. B. im Unterricht), *Wo sind wir stehengeblieben?, Der Herz war ihm vor Schreck stehengeblieben,* usw.);

16. das Perfekt mit *sein* anstelle von *haben* bei Verben wie *liegen, sitzen* und *stehen*;
17. *Er hat ihn nachhause gebracht* vs. *Er hat ihn nachhause gefahren*; *Er ist einen neuen Rekord gelaufen/gesprungen/geschwommen* vs. *Er hat einen neuen Rekord gelaufen/gesprungen/geschwommen*;
18. Vermeidung des Plusquamperfekt in der gesprochenen Sprache und „doppeltes Perfekt und doppeltes Plusquamperfekt als Ersatzformen für fehlendes Plusquamperfekt" (Muhr 2005: 20);
19. Unterschiede bei der Schöpfung und Verwendung des Partizips II;
20. Unterschiede in der Reihenfolge der Verbalelemente im Schlussfeld eines Satzes;
21. Unterschiede in der Bedeutung, Rektion und Verwendung der Präpositionen;
22. „Die verstärkte Verwendung des Reflexivpronomens „sich"" (Muhr 2005: 24): z. B. *Das Buch liest sich angenehm.* vs. *Das Buch ist angenehm zu lesen.*; *Er soll sich nicht zu viel (sic!) erwarten.* vs. *Er soll nicht zu viel (sic!) erwarten.*; *Da läßt sich nichts machen.* vs. *Da kann man nichts machen.*

5.4 Pragmatik

Im Bereich der Pragmatik nach Ammon (1995: 176–178) und Muhr (2005) zählen zu den Austriazismen:

1. die Grüße *Gruß Gott!, Servus!* (sowohl bei der Begegnung als auch beim Abschied), *Habe die Ehre!, Küß die Hand!*;
2. *Habt acht!* und *Ruht!* als militärische Kommandos;
3. die Vorliebe für Titel;
4. die Interjektionen und Partikeln *ui je!/o je!*;
5. die höhere Bereitschaft zur expliziten Hörerzuwendung;
6. die imperativische Aufforderungsbitten (z. B. *Räume bitte die Küche auf!*);
7. Modalverben werden häufiger verwendet (z. B. *Hast du Zeit die Küche noch sauber zu machen, oder sollen wir es zusammen machen?*);
8. Mehr rhetorische und indirekte Fragen;

5.5 Orthographie

Ammon (1995: 148–150) berichtete, dass auch im orthographischen Bereich einige Austriazismen existieren. Heutzutage sind sie aber aufgrund der Rechtschreibreform von 2006 nicht mehr spürbar, da die neuen orthographischen Regeln zusammen mit Spezialisten aus Deutschland, Österreich und der Schweiz entschieden wurden. Dazu s. Abschnitt E.

E. Deutschland

1. Deutsches Standarddeutsch/Deutschländisches Deutsch

Obwohl die Erforschung der nationalen Varietäten des Deutschen erst in der Nachkriegszeit relevant wurde, hat sie laut Polenz (1999: 418–420) eine Vorgeschichte, die bis auf das 17. und 18. Jahrhundert zurückgeht: Zu dieser Zeit haben Sprachexperten und Literaten aus Nord- und Süddeutschland, aus Österreich und aus der Schweiz gegen das *Meißnische Deutsch* gekämpft, weil es zu viele ost-mitteldeutschen Sprachnormen hatte. Konsequenterweise sind auch die monozentrischen Einstellungen von Linguisten wie Schottelius, Bodmer und Breitinger auf heftige Kritik gestoßen: Die nationalen Varietäten des Deutschen wurden untersucht, um sie durch Wörterbücher berichtigen zu können, weil diese Formen als „fehlerhaft" galten. Deswegen sollten sie auch vermieden werden.

Erst mit Paul Kretschmers *Wortgeographie der hochdeutschen Umgangssprache*, das 1918 erschienen ist, ist laut Ammon (1995: 35-ff.) eine moderne Darstellung der nationalen Varietäten des Deutschen zu erkennen. Obwohl er noch nichts über *Plurizentrismus* wissen konnte, hat Kretschmer bereits geahnt, dass die deutsche Sprache nicht durch ein einziges Sprachzentrum (z. B. Preußen oder Wien) kodifiziert werden kann.

Die zeitgenössische Diskussion über die staatlichen Varietäten außerhalb Deutschlands begann aber mit den Studien von Hugo Moser in der Nachkriegszeit. Bedeutend war ein Beitrag des Jahres 1959, in dem Moser neue Begriffe für die Bezeichnung der deutschen Sprache in Deutschland untersuchte. Er bemerkte, dass der Ausdruck *Reichsdeutsch* – der bis dahin sehr üblich war – nicht mehr verwendet werden konnte, weil er nicht mehr der damaligen politischen Situation Deutschlands entsprach. Stattdessen schlug er der Terminus *Binnendeutsch* vor. Das war jedoch noch monozentrischer als vorher: Der Begriff Reichsdeutsch bezog sich nicht nur auf Deutschland, sondern ebenfalls auf alle Länder in Ost- und Mitteleuropa, die früher Teil des deutschen Reichs waren. Daraus folgte, dass der Ausdruck Binnendeutsch den Deutschen nicht half, eine eigene nationale Sprachvarietät zu erkennen, da er sie überzeugte, dass das wahre und richtige Deutsch nur in Deutschland gesprochen wurde. Diese Einschätzung hat aber auch wirtschaftliche und demographische Gründe: Noch heute ist Deutschland ökonomisch betrachtet eines der führenden Länder Europas und es ist das größte Vollzentrum der deutschen Sprache. Deswegen klagen manche Linguisten wie Polenz (1999: 110), Deutschland führe eine Politik von *Sprachimperialismus*, die sich durch die Überdachung der anderen nationalen Varietäten (die Schweiz und Österreich) erkennen lässt.

Der Terminus Binnendeutsch kann demnach nicht mehr verwendet werden: Einerseits hat er keine politische Konnotation, aber andererseits passt er nicht mehr zum Stand der sprachwissenschaftlichen Studien über dieses Thema, weil dieser Ausdruck sehr monozentrisch klingt. Während der Teilung Deutschlands wurden zunächst die Begriffen *Bundes-* und *DDR- Deutsch* aufgenommen, um die zwei staatlichen Varietäten zu unterscheiden. Später haben Clyne (1992) und Polenz (1999) die Bezeichnungen *deutsches Standarddeutsch* oder *deutschländisches Deutsch* vorgeschlagen, damit die bisherigen Probleme überwunden werden konnten. Daneben wird heute der Begriff *Bundesdeutsch* verwendet. Dennoch ist letzterer Ausdruck sehr politisch geprägt, da er noch zwanzig Jahre nach der Wiedervereinigung eher die Varietät Westdeutschlands bezeichnet, obwohl der offizielle Name Deutschlands heute *Bundesrepublik Deutschland* ist. Deswegen ist *Bundesdeutsch* zu vermeiden. Trotzdem sind auch die Begriffe von Clyne (1992) und Polenz (1999) problematisch, besonders der Terminus *deutsches Standarddeutsch*, weil sie etwas tautologisch erscheinen. Andererseits gibt es zurzeit keine besseren Ausdrücke, um sie zu ersetzen, und daher werden sie für diese Arbeit aufgenommen.

2. Kodifizierungszentren der Deutschen Sprache

Mit seinen 81 Mio. Einwohnern[1] ist Deutschland das größte Zentrum der deutschen Sprache. Deswegen gilt seine Varietät als Standard und als Konsequenz daraus versuchen Schweizer und Österreicher sich am Beispiel des Bundesdeutschen[2] zu orientieren, auch wenn es sowohl in der Schweiz als auch in Österreich ein starkes nationales Sprachbewusstsein gibt (zu Österreich vgl. Muhr 1995. Zur Situation in der Schweiz, vgl. Di Paolo 2000).

Die deutsche Sprache in Deutschland wird durch die folgenden Nachschlagewerke kodifiziert:

---

1 https://www.destatis.de/DE/Startseite.html (Zugriff am 4.02.2012).
2 Hier wird dieser Terminus als Synonym für *deutsches Standarddeutsch* verwendet. Dazu s. E.1.

1. *Deutsches Wörterbuch von Jakob und Willhelm Grimm*[3];
2. *Dudenbände*[4];
3. *Brockhaus-Wahrig*[5].

Daneben fördert Deutschland die Verbreitung seiner eigenen Standardvarietät mithilfe der vorliegenden Förderungsinstituten:

1. *Deutscher Akademischer Austauschdienst* (DAAD)[6];
2. *Gesellschaft für Deutsche Sprache* (GdfS);
3. *Goethe Institut*[7];
4. *Institut für Deutsche Sprache* (IdS-Mannheim);

Schließlich wird das deutsche Standarddeutsch durch viele Stiftungen gefördert. Dazu zählt z. B. die Robert-Bosch Stiftung, die seit 1985 jährlich ein Stipendium für ausländische Schriftsteller, die auf Deutsch schreiben, anbietet[8].

2.1 Deutscher Akademischer Austauschdienst

Der 1925 gegründete DAAD ist das größte Förderungsinstitut für Akademiker und Studenten aus der ganzen Welt. Aufgaben dieser Institution sind die Internationalisierung der deutschen Hochschulen, die Verstärkung der Germanistik und der deutschen Sprache im Ausland, die Unterstützung der Entwicklungsländer beim Aufbau leistungsfähiger Hochschulen und Beratung der Entscheider in der Bildungs-, Außenwissenschafts- und Entwicklungspolitik.

2.2 Gesellschaft für Deutsche Sprache

„Die Gesellschaft für deutsche Sprache (GfdS) ist eine politisch unabhängige Vereinigung zur Pflege und Erforschung der deutschen Sprache. Seit ihrer Gründung im Jahre 1947 sieht sie es als ihre Aufgabe an, in der Öffentlichkeit das Bewusstsein für die deutsche Sprache zu vertiefen und ihre Funktion im globalen Rahmen sichtbar zu machen. Die GfdS hat sich zum Ziel gesetzt, die Sprachentwicklung kritisch zu beobachten und auf der Grundlage wissenschaftlicher

---

3 Vgl. http://dwb.uni-trier.de/de/ (Zugriff am 13.03.2013).
4 http://www.duden.de/ueber_duden/der-urduden (Zugriff am 13.03.2013).
5 http://www.brockhaus.de/buecher/wahrig_woerterbuecher/index.php (Zugriff am 13.03.2013).
6 https://www.daad.de/de/index.html (Zugriff am 13.03.2013).
7 http://www.goethe.de/ (Zugriff am 13.03.2013).
8 http://www.bosch-stiftung.de/content/language1/html/14169.asp (Zugriff am 13.03.2013).

Forschung Empfehlungen für den allgemeinen Sprachgebrauch zu geben"[9]. Dieses Institut gibt seit 1972 die Möglichkeit, das *Wort des Jahres* (vgl. E5.2.2) zu wählen und publiziert regelmäßig die Zeitschriften *Der Sprachdienst* und *Muttersprache*.

2.3 Goethe Institut

Das 1951 entstandene Goethe Institut ist eine berühmte Institution zur Förderung des Deutschen als Fremdsprache. Es bietet weltweit Sprachkurse und international anerkannte Prüfungen wie das Zertifikat Deutsch an.

2.4 Institut Für Deutsche Sprache (IdS-Mannheim)

Das 1964 gegründete Institut für Deutsche Sprache mit Sitz in Mannheim „ist die zentrale außeruniversitäre Einrichtung zur Erforschung und Dokumentation der deutschen Sprache in ihrem gegenwärtigen Gebrauch und in ihrer neueren Geschichte"[10]. Das IdS-Mannheim kümmert sich um die neuen Auflagen des Dudens und hat das größte Korpus der deutschen Sprache, COSMAS II, entwickelt.

COSMAS II[11]
Neben den verschiedenen Nachschlagewerken und Förderungsinstituten (vgl. E.2.1., E.2.2., E.2.3) hat die deutsche Sprache Korpora die „die Beschreibung von Äußerungen natürlicher Sprachen, ihrer Elemente und Strukturen, die darauf aufbauende Theoriebildung auf der Grundlage von Analysen authentischer Texte, die im Korpora zusammengefasst sind" (Lemnitzer/Zinsmeister 2006: 9) ermöglichen. Diese Instrumenten sind eng mit der Lexikografie verbunden, weil sie für die Überprüfung von „[…] spezifischen Fragestellungen und methodischen Voraussetzungen des theoretischen Rahmens der Untersuchung […]" (Bußmann 2008) gebraucht werden können.

Das größte Korpus der deutschen Sprache ist das *Corpus Search Management and Analysis System* (COSMAS), das vom IdS-Mannheim herausgegeben wird. Heutzutage enthält es 7,3 Mio. laufende Wortformen (Stand: August 2012) und erscheint in der zweiten Version (die erste stammt aus dem Jahr 1993). Diese Applikation – die keine kommerzielle Zwecke hat und keine Verlinkungen zu externen Webseiten stellt – erlaubt die Recherche von Wörtern, Teilwörtern,

---

9 http://www.gfds.de/wir-ueber-uns/ (Zugriff am 13.03.2013).

10 http://www1.ids-mannheim.de/start/ (Zugriff am 13.03.2013).

11 vgl. dazu http://www.ids-mannheim.de/cosmas2/uebersicht.html (Zugriff am 13.03.2013).

Wortgrundformen und grammatischen Beispielen in 108 Korpora der deutschen Sprache (darunter auch das *Deutsche Referenzkorpus – DeReKo*), die aus Zeitungen, Sach-, Fach- und Literaturtexten in Deutschland, Österreich und der Schweiz besteht, und die den Zeitraum zwischen 1772 und heute entsprechen. Belege sind hinsichtlich ihrer Herkunft, mit unterschiedlichen Kontextgrößen exportiert und statistisch analysiert.
Merkmale von COSMAS II und von Korpora im Allgemeinen sind also:

1. *Natürlichkeit*, d. h. die Texte sind authentisch;
2. *Repräsentativität*: Aufgrund der großen Menge von sprachlichem Material kann gezeigt werden, wie die meisten Leute eine bestimmte Sprache (in diesem Fall Deutsch) mündlich/schriftlich verwenden;
3. *Zuverlässigkeit*: Wegen ihrer Repräsentativität und weil die Daten statistisch belegt sind, können sie wissenschaftlichen Zwecken dienen;
4. *Induktivität*, d. h. „Korpora sollen ausschließlich aus dem Textmaterial heraus generiert werden" (Bopp [2]2010);
5. *Maschinenlesbarkeit*: Korpora können sowohl manuell als auch digital sein. Das IdS – Mannheim hat drei Versionen von COSMAS II entwickelt: COSMAS II web, das unabhängig vom Betriebssystem ist, COSMAS II win für Windows-Benutzer, und COSMAS II script für SOLARIS-Betriebssystem[12].

COSMAS II und digitale Korpora sind trotzdem auch begrenzt, weil sie nicht alle Spracherscheinungen belegen können. Außerdem sind die angegebenen Statistiken bei COSMAS II nicht immer zuverlässig: Da es sich um eine Sammlung von Korpora der geschriebenen Sprache handelt, sind die Schreiber und ihre Herkunft unbekannt und damit ist es nicht möglich, z. B. die räumliche Verbreitung eines Ausdrucks richtig zu untersuchen. Die Statistiken könnten demnach gefälscht werden. Ähnliche Probleme entstehen ebenfalls z. B. bei der Analyse der Kollokationen und Kookkurrenzen: Kookkurrenzen, die am häufigsten vorkommen sind nicht unbedingt Kollokationen. Aus diesen Gründen sind die statistischen Angaben kritisch zu nehmen.

3. Wörterbücher der deutschen Sprache

In diesem Abschnitt werden zunächst die wichtigsten Wörterbücher der deutschen Sprache nur vorgestellt. Nach der Definition von Teutonismus und der Merkmale des deutschen Standarddeutschen wird.

---

12 Betriebssystem, das ähnlich zu Linux ist.

3.1 *Deutsches Wörterbuch* von Jakob und Wilhelm Grimm

Das *Deutsche Wörterbuch* wurde seit dem Jahr 1838 von den Gebrüdern Grimm, die auch das Buch *Kinder- und Hausmärchen* verfasst haben, mithilfe von anderen Sprachwissenschaftlern (darunter Moritz Haupt und Karl Reimer) in insgesamt sieben Bänden konzipiert. Der erste Band erschien im Jahre 1852; die berühmten Philologen aus Kassel konnten sie jedoch nie über die Publikation des ganzen Wörterbuchs freuen, da es erst 1961 fertiggestellt wurde. Heutzutage wird dieses Nachschlagewerk nur für sprachwissenschaftliche Zwecke verwendet. Zur Vertiefung, vgl. http://dwb.uni-trier.de/de/[13].

3.2 Dudenreihe

1880 veröffentlichte der Direktor des Königlichen Gymnasiums zu Hersfeld, Konrad Duden, den ersten Band seines berühmten Wörterbuchs, das *Vollständiges Orthographisches Wörterbuch der deutschen Sprache*, den sogenannten *Urduden*, der 27.000 Stichwörter enthielt[14]. Daraus folgt, dass dieses Nachschlagewerk prinzipiell für die Kodifizierung der deutschen Rechtschreibung konzipiert wurde. Im Laufe der letzten 130 Jahren wurden 24 Auflagen herausgegeben und – neben dem Rechtschreibduden – wurden elf weitere Wörterbuchstypen entwickelt.

Heutzutage besteht der DUDEN aus folgenden Bänden[15]:

1. Duden: Die deutsche Rechtschreibung;
2. Das Stilwörterbuch;
3. Das Bildwörterbuch;
4. Die Grammatik;
5. Das Fremdwörterbuch;
6. Das Aussprachewörterbuch;
7. Das Herkunftswörterbuch;
8. Das Synonymwörterbuch;
9. Richtiges und gutes Deutsch;
10. Das Bedeutungswörterbuch;
11. Redewendungen;
12. Zitate und Aussprüche.

---

13 Zugriff am 12.03.2013.
14 http://www.duden.de/ueber_duden/der-urduden (Zugriff am 13.03.2013).
15 http://www.duden.de/shop/nachschlagen (Zugriff am 18.03.2013).

Daneben sind aber auch weitere Reihen – wie *der kleine Duden* – und selbständige Ausgaben wie *Duden: Deutsches Universalwörterbuch* (das jetzt zur 7. Auflage gekommen ist) entstanden. Schließlich wurde im Jahre 2000 auch ein Wörterbuch für die DaF-Lerner, der Band: *Duden: Deutsch als Fremdsprache*, entwickelt. Dieses Nachschlagewerk weist jedoch keine Merkmale eines typischen Lernerwörterbuchs auf und wird deswegen in dieser Arbeit nicht berücksichtigt (vgl. dazu Wellmann 2004: 90–ff.).

Der *Duden: Deutsches Universalwörterbuch* – das für die vorliegende Arbeit aufgenommen wird – ist „ein Nachschlagewerk für alle, die sich im Rahmen ihrer Aus- und Weiterbildung, aus beruflichen oder privaten Gründen in besonderem Maße für die deutsche Sprache interessieren. Das schließt professionell Schreibende, Lehrende und Lernende sowie Muttersprachler und Nichtmuttersprachler ein" (Duden [7]2011: 3). Dieses Ziel wird jedoch nur partiell erreicht, weil dieses Nachschlagewerk den Merkmalen in E4.1 nicht entspricht. Deswegen ist es für die Lerner einer Fremdsprache nicht geeignet.

Die Stichwörter im Duden sind etymologisch angeordnet und die Einträge basieren auf einer statistischen Analyse durch das Dudenkorpus, das „mittlerweile mehr als 2 Milliarden Wortformen zählt und sich aus einer Vielzahl aktueller Zeitungs- und Zeitschriftenartikel, Romane, Reden, Reparatur- und Bastelanleitungen usw. zusammensetzt"[16]. Zur Kontrolle werden Korpora anderer Institute durchgeschaut[17].

Neben der Druckversion ist dieses Wörterbuch heutzutage auch als digitales Medium (CD-ROM, Software für Windows, Linux und Mac und E-Book für Amazon Kindle) verfügbar18.

3.3 Brockhaus – Wahrig

Entstanden vor über 200 Jahren, ist das Wörterbuch von Brockhaus dank der Publikationen des deutschen Lexikografen Gerhard Wahrig bekannt. Seit 2004

---

16 http://www.duden.de/ueber_duden/wie-kommt-ein-wort-in-den-duden (Zugriff am 18.03.2013).

17 Ebd.

18 Der *Duden: Deutsches Universalwörterbuch* ist in dem Preis des E-Book-Readers oder Tablets von Amazon (zwischen 79 und 189 Euro und zwischen 159 und 269 Euro für die Tablets – http://www.amazon.de/gp/product/B007HCCOD0/ref=sv_kinc_0#kindle-compare [Zugriff am 18.03.2013]) eingeschlossen und wird automatisch heruntergeladen, sobald ein Wort in einem deutschen E-Book nachgeschlagen wird. Zu den anderen digitalen Versionen, vgl. http://www.duden.de/shop/duden-deutsches-universalworterbuch-3 (Zugriff am 18.03.2013).

ist die Wahrig-Redaktion Mitglied im „Rat für deutsche Rechtschreibung" und damit das wichtigste Wörterbuch der deutschen Sprache neben dem Duden[19]. Heute existiert Brockhaus als Verlag nicht mehr, da sie im Jahre 2008 von der Cornlesen/Wissen Media übernommen wurde[20].

Wichtige Nachschlagewerke der Reihe Brockhaus-Wahrig sind folgende[21]:

1. Brockhaus WAHRIG: Deutsches Wörterbuch mit DVD;
2. Brockhaus WAHRIG: Die deutsche Rechtschreibung;
3. Brockhaus WAHRIG: Synonymwörterbuch.

Daneben wurde im Jahre 2008 auch ein Lernerwörterbuch, das Wahrig Großwörterbuch Deutsch als Fremdsprache (Wahrig-Burfeind 2008), mit 77.000 Stichwörtern, Anwendungsbeispielen und Redewendungen entwickelt (dazu s. Schafroth 2011: 71).

3.4 Aussprachewörterbücher

Wiesinger u. a. (2009: 8–ff.) berichtet, dass die deutsche Aussprache zum ersten Mal im Laufe des 18. und 19. Jahrhunderts kodifiziert wurde. Dabei leistete auch Johann Wolfgang von Goethe seinen Beitrag: Aufgrund der Probleme bei der Aufführung seiner Dramen hat er zwischen 1803 und 1824 das Buch *Regeln für Schauspieler* herausgegeben.

Das wichtigste Nachschlagewerk für die Kodifizierung der deutschen Standardaussprache ist aber Theodor Siebs' *Deutsche Bühnenaussprache*, das 1898 erschienen ist und das zum letzten Mal 1969 publiziert wurde (Vgl. Wiesinger u. a. 2009: 8–ff. und A.1.). Dieses Wörterbuch wurde jedoch besonders von den Linguisten aus Österreich, der Schweiz und generell aus Süddeutschland stark kritisiert, weil es sich sehr an der deutschen Sprache in Norddeutschland orientierte (Wiesinger u. a. 2009: 10–12 und Polenz 1999: 257–ff.). Die sprachliche Situation in den deutschsprachigen Ländern hat sich dennoch im Laufe der Jahrzehnte weiterentwickelt und daher, wie Wiesinger u. a. (2009: 11) bemerkt, „[war] die Praktikabilität der Regelung eingeschränkt […]": „Der Anspruch […], eine ausschließlich auf ein exponiertes Anwendungsgebiet zugeschnittene Kodifizierung und damit eine überdeutliche Sprechweise allgemein als richtungweisend zu erklären, stieß in der Fachwelt vielfach auf Ablehnung und Widerspruch" (Ebd.).

---

19 Vgl. dazu http://www.wissenmedia.de/verlag/brockhaus/index.php (Zugriff am 18.03.2013).
20 Ebd.
21 Vgl. dazu http://www.brockhaus.de/produktuebersicht.php (Zugriff am 18.03.2013).

Aus diesen Gründen blieb die Regelung der Bühnenaussprache als „Idealnorm der reinen Hochlautung" (Siebs 1969: 6. Vgl. auch Wiesinger u. a. 2009: 11). Der Siebs hatte dann auch methodologische Probleme, da „für eigene phonetische Untersuchungen jener verwirklichten Ideallautung [...] im »Siebs« keine Belege angeführt [werden]" (Wiesinger 2009: 11–12), und weil der Siebs „auch entsprechende Forschungsergebnisse, wie sie vor allem an der Universität Halle erarbeitet worden waren, [...] nur teilweise und inkonsequent [nutzte]" (Ebd.). Deswegen wurden nach dem zweiten Weltkrieg neue Aussprachewörterbücher herausgegeben: 1953 wurde – unter der Leitung von Irmgard Weithase und Hans Krech – *Die Normierung der deutschen Allgemeinsprache*, die empirische Forschungsergebnisse enthält und die durch ein spezielles Corpus versuchte, alle Sprechsituationen zu beachten, herausgegeben. Die erste deskriptive Normierung der deutschen Aussprache ist aber auf das *Wörterbuch der deutschen Aussprache* [WDA], das 1964 von Eva-Maria Krech und Eberhard Stock publiziert wurde, zurückzuführen. Daneben ist im gleichen Jahr auch das *Duden Aussprachewörterbuch* entstanden und 1982 erschien die erweiterte Auflage des WDAs, das *Großes Wörterbuch der deutschen Aussprache*. Nach der Wiedervereinigung Deutschlands wurde das WDA unter der Leitung von Eva Maria Krech, Peter Wiesinger, Ingrid Hove u. a. weiterbearbeitet. Damit ist also das DAWB, *Deutsches Aussprachewörterbuch*, entstanden. Zur Vertiefung, vgl. Wiesinger u. a. (2009: 8–ff.).

4. Lernerwörterbücher der deutschen Sprache

4.1 Merkmale der Lernerwörterbücher

Die Veröffentlichung des Wörterbuchs *Langenscheidt Großwörterbuch Deutsch als Fremdsprache* (LGWDaF) im Jahre 1993 hat in der deutschen Lernerlexikografie eine große Rolle gespielt, da „jeder fremdsprachenlexikographisch oder –didaktisch einschlägig bekannte Verlag peu à peu seinen lernerlexikographischen Beitrag geleistet hat" (Schafroth 2011: 71).

Lernerwörterbücher dürfen aber nicht mit den Lernwörterbüchern verwechselt werden (Ebd.: 68–69), weil sie für die Lerner einer Fremdsprache konzipiert wurden, und weil sie folgende Merkmale aufweisen (vgl. auch Schafroth 2011a):

1. Benutzerfreundlichkeit, d. h. sie sind – auch für Laien – einfach zu benutzen;
2. die Erläuterungen der Lemmata sind nicht zu enzyklopädisch, aber trotzdem sehr präzise;
3. sie enthalten grammatischen Angaben, wie die Formen des Plurals oder die Paradigmen der unregelmäßigen Verben;

4. sie deuten die wichtigsten Kollokationen und Kookkurrenzen an;
5. sie registrieren Synonyme und Antonyme;
6. sie haben diasystemische Markierungen, d. h. es wird erklärt, in welchen Kontexten ein Lemma verwendet werden kann;
7. sie enthalten Bilder, Karten oder Tafeln für die Erklärung der Fachtermini oder um pragmatische Aspekte einer Sprache zu unterstreichen;
8. sie verwenden Kasten, um potentielle Schwierigkeiten der Lerner im grammatischen oder semantischen Bereich klar zu machen;
9. die Sprache ist – so weit wie möglich – einfach und klar. In einem Aufsatz von De Schryver und Prinsloo (2011) wird berichtet, die Definitionen seien ständig zu schwer verständlich für die Benutzer, weil „most ‚adult' dictionaries are aimed by pubishers more at university professors than street cleaners" (Ebd.: 27)[22]. Deswegen sollte das Lernerwörterbuch einfache Bedeutungserläuterungen haben: Die Lerner haben bereits die Schwierigkeit, dass sie einen Wörterbuchsartikel in einer Fremdsprache lesen müssen. Wenn die Erklärung zu schwer ist, dann würden die Benutzer überfördert sein, und das Wörterbuch würde entweder unverkauft bleiben oder durch andere konkurrierende Nachschlagewerke ersetzt werden.
10. sie signalisieren die Phonetik der Wörter;
11. sie helfen den Lernern bei der mündlichen/schriftlichen Rezeption und Produktion eines Textes. Um dieses Ziel zu erreichen werden die sogenannten Valenzen (d. h. die Satzkonstruktion) der Verben und Adjektiven angegeben.

Aufgrund des Prestiges der englischen Lernerwörterbücher wie dem *Oxford Advanced Learners' Dictionary* (OALD), das zum ersten Mal 1948 veröffentlicht wurde, das *Longmann Advanced Learners' Dictionary of Englisch* (LDOCE), dem *Cambridge Advanced Learners' Dictionary* (CALD) u. a. orientieren sich die deutschen Lernerwörterbücher – wie auch jene für die wichtigsten europäischen Sprachen – an diesem Modell.

In der deutschen Fremdsprachenlexikographie wurden bis jetzt folgende Nachschlagewerke für die DaF-Lerner entwickelt:

---

22 Die Stichproben waren Muttersprachler des Niederländischen aus drei verschiedenen Altersgruppen. Trotzdem wurden die Erwachsenen als eine homogene Gruppe behandelt, auch wenn die Stichproben aus unterschiedlichen Sozialschichten waren (De Schryver und Prinsloo 2011: 27). Deswegen wünschten sich die Autoren weitere Studien, die die Sozialgruppen mehr berücksichtigen (Ebd.).

Verlag[73]	Titel (Jahr)	Stichwörter
Langenscheidt	LGWDaF (2010)	66.000 (~ und Wendungen)
	Langenscheidt Powerwörterbuch Deutsch	50.000 (~ und Wendungen)
	Langenscheidt Taschenwörterbuch Deutsch als Fremdsprache (Götz/ Wellmann (Hg.) 2010)	30.000 (~ und Wendungen)
Klett	*PONS Basiswörterbuch Deutsch als Fremdsprache* (1999)	8.000
	PONS Großwörterbuch Deutsch als Fremdsprache mit CD-ROM (2008)	77.000 (~, Wendungen und Konstruktionsangaben)
	PONS Kompaktwörterbuch Deutsch als Fremdsprache mit CD-ROM (2007)	42.000 (~ und Wendungen)
	PONS.eu Deutsch als Fremdsprache (2001–2013)	Nicht angegeben
Hueber	*Hueber Wörterbuch Deutsch als Fremdsprache* (2003)	41.000 (Einträge, Beispiele und Wendungen)
de Gruyter	WDaF (Kempke 2000)	ca. 20.000
Dudenverlag	*Duden Wörterbuch Deutsch als Fremdsprache* (2003)	11.000
Cornelsen/ Wissen Media	*Wahrig Großwörterbuch Deutsch als Fremdsprache* (Wahrig – Burfeind 2008)	77.000 (~, Anwendungsbeispiele und Redewendungen)
---	*Canoo.net* (Bopp 2000–2013)	250.000 Einträge

Besonders wichtig für die vorliegende Arbeit ist aber das LGWDaF, weil es das einzige Wörterbuch ist, das die Deutschlandismen (Teutonismen)[24] markiert. Deswegen wird hier die Struktur dieses Nachschlagewerk ausführlich beschrieben. Die anderen Lernerwörterbücher werden nur kurz angeführt.

4.2 Langenscheidt Großwörterbuch Deutsch als Fremdsprache (LGWDAF)

Das 1993 erschienene LGWDaF ist „ein Nachschlagewerk, Leitfaden für den richtigen produktiven wie rezeptiven Sprachgebrauch und Unterrichtsmittel zugleich" (LGWDaF 2010: 7). Daraus folgt, dass dieses Wörterbuch den Lernern

---

23 Tabelle bearbeitet aus Schafroth (2011: 71).
24 Zu den Deutschlandismen (Teutonismen), vgl. E5.1.

in den vier Fähigkeiten (Lesen, Hören, Sprechen und Schreiben) helfen soll. Dieses Ziel wird jedoch nur beschränkt erreicht: ein positiver Aspekt der letzten Ausgabe ist die Präsenz einer viel längeren Einleitung, in der die verwendeten Abkürzungen, Symbole und die lexikografischen Angaben erklärt werden, und eines Anhangs mit den Listen zu geographischen Namen und den wichtigsten unregelmäßigen Verben. Außerdem werden Farben (blau für die Lemmata und Schwarz für die wichtigsten Kollokationen/Kookkurrenzen) verwendet, um damit die Artikelstruktur überschaubar zu machen, und wird erklärt, wie mit dem erwünschten Stichwort ein Satz konstruiert werden kann. Schließlich sind Kulturspezifika in Kästen erläutert, manche Seiten im Wörterbuch nur grammatische (z. B. Präpositionen), orthografische (s. die Regeln der neuen Rechtschreibung) und pragmatische (z. B. die Uhr) Aspekte der deutschen Sprache präsentieren, und die Teutonismen werden neben den Austriazismen und den Helvetismen angedeutet.

Andererseits sind die etymologische Reihenfolge der Lemmata und die Erläuterung der Verben wie z. B. *fühlen* problematisch, weil sie den Benutzern – die in den meisten Fällen keine lexikografische Kultur haben (s. dazu Marello 1989 und Welker 2010 u. a.) – bei der Suche eines Stichworts nicht helfen. Außerdem wäre es ein Desideratum, dass Synonyme nicht mit einer definitorischen Funktion vorkommen, da die Lerner nicht in der Lage sind, sie im richtigen Kontext zu benutzen. Nichtsdestotrotz ist dieses Wörterbuch nicht so gut bebildert: Einerseits – wie Röthenhöfer (2004: 155) beobachtet – weist es eine „deutlich differenzierte Auswahl von Illustrationstypen" auf, aber andererseits ist das Abbildungsverzeichnis im LGWDaF grundsätzlich synopsenorientiert und deswegen problematisch für die Benutzer. Als Konsequenz ist es nach Röthenhöfer (2004: 138)

> […] schwer begreiflich, dass die anhand der Verweisangaben erschließbaren Leitelemente nicht systematisch als Lemmata angesetzt wurden. So kann es passieren, dass die makrostrukturelle Suche nach den Zugriffadressen der Verweiszielbereiche mitunter „ins Leere" läuft, was vor allem dann ins Gewicht fällt, wenn die zu erwartenden Position der vermeintlichen Verweisaußenadresse und die Abbildungsposition durch einen Seitenumbruch getrennt sind, was bei dem Leitelement |geometrische Figuren| als Verweisaußenadresse eines synopsenorientierten Artikelnetzes […] der Fall ist. So befindet sich das Verweisungszentrum „**Bildtafel**" als Einschub an der makrostrukturellen Position hinter „**Gepäck**" und vor „Gepäckaufbewahrung", jedoch nicht an der zu erwartenden Position der Verweisadresse |geometrische Figuren|, die als Lemma gar nicht existiert.

Schließlich sind die Bilder auch in der letzten Ausgabe meist winzig und immer schwarz-weiß.

4.3 Langenscheidt Powerwörterbuch Deutsch

In den letzten Jahren hat Langenscheidt neben dem obengenannten LGWDaF auch ein anderes Nachschlagewerk entwickelt, das für die Lerner des Deutschen als Fremdsprache auf den Niveaus A1 bis B2 geeignet ist, und das 50.000 Stichwörter und Wendungen enthält. Dieses Wörterbuch ist trotzdem kein richtiges *Learners' Dictionary*, weil es versucht, sowohl die Bedürfnisse der Nichtmuttersprachler als auch die der Muttersprachler zu befriedigen.

Dazu vgl. auch http://www.langenscheidt.de/produkt/4358_376/Langenscheidt_Power_Woerterbuch_Deutsch-Buch/978-3-468-13110-3 (Zugriff am 18.03.2013).

4.4 Langenscheidt Taschenwörterbuch Deutsch als Fremdsprache

„Das Langenscheidt Taschenwörterbuch Deutsch als Fremdsprache ist ein einsprachiges Lernerwörterbuch für Einsteiger mit rund 30.000 Stichwörtern, Wendungen und Beispielen"[25] und wurde von Hans Wellmann im Jahre 2010 herausgegeben. Wie das *Langenscheidt Powerwörterbuch Deutsch* ist es für die Grundstufen konzipiert, aber es unterscheidet sich dadurch, dass es nur an die Bedürfnisse der Fremdsprachler angepasst ist.

4.5 PONS Basiswörterbuch Deutsch als Fremdsprache

Dieses 1999 publizierte Lernerwörterbuch des Verlags Pons/Klett ist für die Grundstufen (Niveau A1–B1) konzipiert, und wird für das Zertifikat Deutsch des Goethe Instituts empfohlen. Deswegen enthält es nur 8.000 Stichwörter und viele unikalische Bilder (Vgl. Hupka 1989 und 4.3.1.2.2.2), die manchmal kindisch und nicht immer klar sind. Dazu vgl. Röthenhöfer (2004: 164).

4.6 PONS Kompaktwörterbuch Deutsch als Fremdsprache mit CD-ROM (2007)

Im Jahre 2007 hat der Verlag PONS/Klett das Kompaktwörterbuch DaF herausgegeben und mit 42.000 Stichwörtern und Wendungen ist es für alle DaF-Lerner geeignet. Neben den Charakteristiken, die am Anfang dieses Abschnittes besprochen wurden, versucht dieses Wörterbuch, die Bedürfnisse der Lerner während ihres Aufenthalts in Deutschland „mit mehr als 60 Seiten

---

25 http://www.langenscheidt.de/produkt/4614_376/Langenscheidt_Taschenwoerterbuch_Deutsch_als_Fremdsprache-Buch/978-3-468-49044-6 (Zugriff am 18.03.2013).

SCHLÜSSEL DEUTSCH mit Sachinformationen im interkulturellen Tipps"[26] zu dienen.

4.7 PONS Großwörterbuch Deutsch als Fremdsprache mit CD-ROM (2008)

Das PGDaF enthält ungefähr 77.000 Stichwörter, und ist für die DaF-Lerner sowohl in den Grundniveaus als auch für die Fortgeschrittene gedacht. Neben der Druckversion mit CD-ROM ist jetzt auch eine App für Smartphone verfügbar. Mehr dazu unter: http://www.pons.de/daten/katalog/PONS-Katalog/index.html (Zugriff am 13.03.2013).

4.8 PONS.eu Deutsch als Fremdsprache

Neben den verschiedenen Printwörterbüchern, die bis jetzt besprochen wurden, hat der Verlag Pons/Klett zwischen 2001 und 2013 ein Onlinewörterbuch entwickelt. Zuerst war es nur zweisprachig, aber vor kurzem wurden auch die Optionen *Bildwörterbuch Englisch/Deutsch, Bildwörterbuch Deutsch/Englisch, Deutsche Rechtschreibung* und *Deutsch als Fremdsprache* aktiviert[27]. Positiv dabei ist die Möglichkeit, den eigenen Wortschatz durch eine eigene App zu üben, aber merkwürdigerweise enthält es zu wenige Farben und Bilder.

4.9 Hueber Wörterbuch Deutsch als Fremdsprache (2003)

Im Jahre 2003 hat der Hueber Verlag auch ein eigenes Wörterbuch für die Grund- und Mittelstufe publiziert, das 41.000 Einträge enthält und das den Lernern durch viele Tabellen, Grammatikerklärungen, Beispiele und Bilder hilft. 2007 wurde eine zweite Auflage veröffentlicht und jetzt ist es auch online verfügbar[28].

---

26 http://www.pons.de/daten/katalog/PONS-Katalog/index.html (Zugriff am 18.03.2013).
27 Vgl. z. B. http://de.pons.eu/dict/search/results/?q=Haus&l=dedx&ie=%E2%98%A0 (Zugriff am 18.03.2013).
28 http://www.amazon.de/W%C3%B6rterbuch-Deutsch-als-Fremdsprache-einspra-chige/dp/3190017352/ref=sr_1_1?ie=UTF8&qid=1363687561&sr=8-1 (Zugriff am 19.03.2013), https://shop.hueber.de/de/hueber-wb-daf-einsprachig-mittelst.html (Zugriff am 19.03.2013) und http://www.hueber.de/deutsch-als-fremdsprache/ (Zugriff am 19.03.2013).

4.10 de Gruyter Wörterbuch Deutsch als Fremdsprache

In der Einleitung zu diesem Wörterbuch steht:

> Das „de Gruyter Wörterbuch Deutsch als Fremdsprache" ist vor allem als Wörterbuch zur Sprachproduktion gedacht, doch kann es natürlich auch im Rahmen seines Wortschatzaufschnitts für die Sprachrezeption verwendet werden. [...] Hier mag das einsprachige benutzerspezifische Lernerwörterbuch eine ideale Ergänzung bilden, wenn es die Informationsdaten ein einer für die Benutzer nachvollziehbaren Form anbietet. (Kempke 2000: VII)

Dieses Nachschlagewerk, das im Jahre 2000 erschienen ist, und das zwischen 17000 und 20000 Stichwörter enthält, erreicht seine Ziele nicht, weil es zu wenig benutzerorientiert ist: Polysemische Wörter – wie z. B. *Bank* – werden unter demselben Artikel etymologisch gelistet. Außerdem enthält es zu wenige Bilder, die häufig winzig, immer schwarz-weiß und nicht unter den Lemmata vorkommen. Schließlich haben die Wörterbuchartikel eine Nischenstruktur, die den Lernern Schwierigkeiten gibt. Zur Vertiefung, vgl. Röthenhöfer (2004).

4.11 Duden Wörterbuch Deutsch als Fremdsprache

Neben dem ersten Wörterbuch Deutsch als Fremdsprache aus dem Jahr 2000, das nicht zur Gattung der *Learners' Dictionaries* gehört (vgl. Wellmann 2004: 90–ff.)[29], wurde 2003 eine Überarbeitung unter dem Titel *Duden – Deutsch als Fremdsprache – Standardwörterbuch. Das Wörterbuch für alle, die Deutsch lernen* entwickelt, die jetzt in der zweiten Auflage erschienen ist. Es enthält 20.000 Stichwörter und ist für die Mittel- und Oberstufen konzipiert. Vgl. dazu http://www.duden.de/shop/duden-deutsch-als-fremdsprache-standardworterbuch (Zugriff am 19.03.2013).

4.12 WAHRIG Großwörterbuch Deutsch als Fremdsprache

Neben den berühmten Wörterbüchern für Muttersprachler wurde im Jahre 2008 ein Nachschlagewerk für die DaF-Lerner konzipiert, das „rund 70.000 Stichwörter[...], Synonyme[...], Beispiele[...] und Redewendungen"[30] enthält. Es enthält die Wörter für das Zertifikat Deutsch an und versucht, durch Kästen, Bilder usw.

---

29 Vgl. dazu E.3.1.
30 http://www.amazon.de/Wahrig-Gro%C3%9Fw%C3%B6rterbuch-Deutsch-Fremdsprache-Anwendungsbeispielen/dp/3577102373 (Zugriff am 19.03.2013).

die Kultur der deutschsprachigen Länder zu vermitteln. Weitere Infos unter: http://www.amazon.de/Wahrig-Gro%C3%9Fw%C3%B6rterbuch-Deutsch-Fremdsprache-Anwendungsbeispielen/dp/3577102373 (Zugriff am 19.03.2013).

4.13 Canoo.net

Eines der wichtigsten Onlinewörterbücher für DaF-Lerner ist Canoo.net, das zwischen 2000 und 2013 entwickelt wurde, und das von Stefan Bopp, Dozent für Linguistik an der Universität von Zürich, herausgegeben wird. Dieses Wörterbuch hat 250.000 Einträge und viele Grammatikerläuterungen, die den Lernern in der Mittelstufe helfen. Die Visualisierung der Wörterbuchsartikel ist komfortabel, aber es enthält keine Farben und keine Bilder. Vgl. http://www.canoo.net/services/ueberblick/verantwortung.html (Zugriff am 19.03.2013).

5. Deutschlandismen in den Wörterbüchern

5.1 Deutschlandismen: Definition und Erkennungskriterien

Mit dem Begriff *Deutschlandismus* (auch als *Teutonismus* bekannt)[31] wird die Menge aller sprachlichen Merkmale des deutschen Standarddeutschen verstanden. Diese Bezeichnung ist dennoch schwer zu definieren, da die Deutschen der Existenz einer eigenen nationalen Sprachvarietät nicht bewusst sind (s. dazu Ammon 1995). Darüber hinaus sind Teutonismen nicht immer vom Gesamtdeutsch unterscheidbar (Vgl. 3.3.2.2). Nach Ammon (1995: 330–333) gelten als Teutonismen (Deutschlandismen) Sprachformen mit folgenden Voraussetzungen:

1. Varianten, die in einer Lemmaerläuterung von Ebner (1980) als „binnendt." (binnendeutsch) und im *Österreichischen Wörterbuch* (1990) sternmarkiert werden[32]. Zur Überprüfung wurden der *Rechtschreib-Duden* (1990), *Duden. Das große Wörterbuch der deutschen Sprache* (1976–1981) und der *Aussprache-Duden* (1990) verwendet. Diese Formen müssen dennoch nicht die Markierungen „alltagsspr." (alltagssprachlich), „fam." (familiär), „Jugendspr." (Jugendsprache),

---

31 Hier werden die beiden Begriffe als Synonym betrachtet, aber, wie auch Polenz (1999: 422) bemerkt, ist die Bezeichnung *Teutonismus* zu vermeiden, weil es „zur abschätzigen Bezeichnung typisch deutscher Denk- und Verhaltensweise der wilhelminischen und nationalsozialistischen Zeit dient [...]" und weil es nicht klar sein könnte, worauf sich dieser Begriff bezieht.

32 Vgl. dazu D.3.4.1.

„Kinderspr." (Kindersprache), „landsch." (landschaftlich), „mdal./mundartl." (mundartlich), „scherzh." (scherzhaft), „Schülerspr." (Schülersprache)/ „schülerspr." (schülersprachlich), „stud." (studentisch)/ „Studentenspr." (Studentensprache), „ugs." (umgangssprachlich)/ „Ugs." (Umgangssprache) tragen. Wenn diese Varianten sich auch als Lemma in Bigler u. a. (1987), im Schweizer Scülerduden 1 oder 2 (1980; 1976) oder in Hofmüller-Schenk (1995) befinden, gelten sie als unspezifische Teutonismen.

2. Sprachformen, die in Meyer (1989) nach dem Zeichen „//" („in der Schweiz gar nicht üblich […]") kommen. Sie dürfen außerdem nicht im Schweizer *Schülerduden* 1 oder 2 (1980; 1976), in Bigler u. a. (1987) und in Hofmüller-Schenk (1995) als Bestandteil des Schweizerdeutschen gelten, und sie müssen im Sprachkodex Deutschlands als standardsprachlich belegt sein. Wenn sie im ÖWB (1990) unmarkiert oder in Siebs (1969) als österreichisch („ö" oder „Ö") markiert sind, handelt es sich um unspezifische Teutonismen.

3. Sprachvarianten, die im Rechtschreib-Duden (1991) als „nordd." oder „südd." gelten und keine weitere nationale Markierung tragen. Insbesondere sollten sie nicht als Nonstandard bezeichnet werden. Wenn sie im Binnenkodex Österreichs oder der Schweiz (aber nicht in beiden) vorkommen, sind sie unspezifische Teutonismen. Bei der Überprüfung wurde so operiert: „Für die „nordd." Formen wurde dies nur anhand des Österreichischen Wörterbuchs (1990) und Bigler u. a. (1987) überprüft und blieben ohne Befund […]. Für die „südd." Formen wurde zur Überprüfung zusätzlich der Schweizer Schülerduden 1 oder 2 (1980; 1976) herangezogen" (Ammon 1995: 332). Speziellere regionale Markierungen (z. B. „südwestdt.", „ostmitteldt.", usw.) wurden ausgeschlossen. Wenn diese Varianten mit „^{s}" oder „^{n}" markiert werden, sind sie als Teutonismen „nur einer Teil ihrer Region" zu betrachten.

4. Formen, die im ÖWB (1990) sternmarkiert werden und die im Sprachkodex Deutschlands belegt sind. Wenn sie auch im Schweizer Schülerduden 1 oder 2 (1980; 1976), in Bigler u. a. (1987) und in Hofmüller-Schenk (1995) erscheinen, sind sie unspezifische Teutonismen. Wenn sie im ÖWB ein Asteriskus nach dem Lemma tragen, handelt es sich um Deutschlandismen nur nach Geltung, aber nicht nach Bekanntheit: Obwohl sie nicht zur österreichischen Standardsprache gehören, sind sie aber auch dort bekannt, und deswegen wurden sie im ÖWB übernommen.

5. Ausdrücke, die in Bigler u. a. (1987) als „binnendt." (binnendeutsch) markiert sind und die im Sprachkodex Deutschlands als standardsprachlich bezeichnet werden. Wenn sie im ÖWB (1990) als Teil des österreichischen Standarddeutschen gelten, sind sie unspezifische Teutonismen.

6. Varianten, die „Bestandteil der ‚reinen Hochlautung' des Siebs (1969), der ‚Standardlautung' des Aussprache-Dudens (1990) oder auch der ‚Standardaussprache' des Großen Wörterbuchs der deutschen Aussprache (1982)" sind. Sie müssen aber nicht in Hofmüller-Schenk (1995) und im ÖWB (1990) vorkommen. Außerdem dürfen sie nicht zur „gemäßigten Hochlautung" des Siebs (1969) gehören und dort nicht als „österreichisch" oder/und „schweizerisch" zählen. Im letzten Fall sind sie unspezifische Aussprache-Teutonismen.

7. Formen, die aufgrund der Voraussetzungen 1 bis 6 als Teutonismen identifizierbar sind.

Diese Kriterien würden aber heute nicht mehr passen, weil einige von den oben genannten Beiträgen etwas veraltet sind. Außerdem wird keine Korpus-Analyse geführt, und – ausgenommen von Mayer (1989), das auf einem Korpus, das in einem Zeitraum von 40 Jahren entwickelt wurde, basiert – es ist deswegen nicht klar, ob die Befunde in diesen Aufsätzen objektiv sind, und ob sie noch die heutige Alltagssprache bespiegeln.

Für diese Arbeit gelten als Deutschlandismen:

1. Wörter, die in Ammon (1995), Ammon u. a. (2004), in der 11. Auflage von *Duden. Deutsches Universalwörterbuch* (2011) und in König ([17]2011) für typisch deutsch gehalten werden. D. h., dass sie in der Wortliste von Ammon (1995) enthalten sind, in Ammon et al. (2004) die Bezeichnung „D" tragen, und im Duden nicht als JUGENDSPR., LANDSCH. (landschaftlich), FAM., MDARTL. (mündartlich), SCHERZH. (scherzhaft) markiert werden. Zur Kontrolle wurden COSMAS II und Mayer (2006) hinzugezogen: Wenn bei der „Länderansicht" auch viele Treffer in Österreich und in der Schweiz gefunden werden, und in Mayer (2006) registriert sind, handelt es ich um unspezifische Deutschlandismen;

2. Ausdrücke aus Ammon (1995), die in Ammon u. a. (2004) und im Österreichischen Wörterbuch (2012) als typisch für das deutsche Standarddeutsch gelten. Zur Überprüfung wurden hier COSMAS II und König ([17]2011) aufgenommen: Wenn es bei der „Länderansicht" in COSMAS II viele Treffer auch in den anderen Vollzentren gefunden werden, gelten diese Termini als unspezifische Deutschlandismen.

3. Formen aus Ammon (1995), die in Ammon u. a. (2004) und Mayer (2006) als Teutonismen markiert werden. Außerdem sollten sie die Mehrheit der Treffer in Deutschland haben. Ist dies nicht der Fall und wenn sie in ÖWB (2012) sternmarkiert sind, handelt es sich um unspezifische Deutschlandismen.

4. Wörter, die in den obengenannten Quellen als typisch des deutschen Standarddeutschen betrachtet werden.

6. Probleme zur Erkennung der Deutschlandismen

6.1 Bundesdeutsch/DDR-Deutsch

Politische Entwicklungen hatten auch auf der sprachlichen Ebene Konsequenzen, besonders während der Teilung Deutschlands, da DDR und BRD unterschiedliche Reaktionen auf die Entnazifizierung der Sprache hatten: Im Westdeutschland empfanden Wissenschaftler und die Schriftsteller der Gruppe 47[33] das Deutsche ihrer Zeit auch in der Alltagssprache als zu sehr von der Nazipropaganda beeinflusst. Deswegen haben sie durch Umbenennung[34] versucht, eine neue Sprache zu entwickeln: Ausdrücke wie *Volk* oder *Untermenschen*, die vorher eine starke politische Bedeutung hatten, sind trotzdem im Wortschatz geblieben, obwohl sie aus der Mode gekommen sind. Im Gegensatz dazu gab es im Osten – wo sich die DDR als antifaschistischer Staat erklärte – eine eher repressive Sprachpolitik, die Konsequenzen nicht nur auf der Sprache des Nationalsozialismus nach sich brachte: Auch Termini wie *Führerschein* wurden durch anderen (in diesem Fall durch *Fahrerlaubnis*) ersetzt. Daraus folgt, dass die deutsche Sprache sich aus politischen und ideologischen Gründen mannigfaltig weiterentwickelt hat: Zwischen 1949 und 1989 gab es auch zwei Auflagen des Dudens, *Duden-Ost*, dessen Redaktion in Leipzig war, und *Duden-West*, der in Mannheim erschienen ist. Die beiden unterschieden sich nicht nur in der Orthographie, sondern auch in den Bedeutungserläuterungen, die im Osten besonders stark politisch geprägt waren (Dazu vgl. Ihlenburg 1964: 143–176).

Waren Bundesdeutsch und DDR-Deutsch also zwei Sprachen? Nach den Voraussetzungen – die im Abschnitt A.3 besprochen wurden – hat Deutschland nur eine Standardvarietät, die unterschiedlich gegliedert ist. Diese Varietät ist trotzdem nicht uniform auf der regionalen Ebene verbreitet, weil einige Ausdrücke des ehemaligen DDR-Deutschen in Ostdeutschland noch üblich sind. Andererseits werden die Unterschiede zwischen Ost und West immer weniger spürbar, da es nicht nur eine politische, sondern auch eine sprachliche Wende gab (s. Schmitt 2009: 97–129 und Fraas/Steyer 1992: 299–315 u. a.): Nach dem Mauerfall wurden viele Begriffe der DDR durch die bundesdeutschen Äquivalenten ersetzt, besonders in den politischen und bürokratischen Bereichen. Damit verursachte man Schwierigkeiten für die Ostdeutschen, weil sie die neuen Termini nicht verstanden (Vgl. Schmitt 2009: 97–129) und wurde der Eindruck

---

33 Gruppe von Schriftstellern, die im Jahr 1947 gegründet wurde. Dazu gehörten Günther Grass, Günther Eich, Heinrich Böll, u. a.
34 Einer der schönsten Beispiele davon ist das Gedicht *Inventur* von G. Eich.

geweckt, Bundesdeutsch und DDR-Deutsch seien zwei Sprachen gewesen. Die Alltagssprache in der DDR unterschied sich jedoch sehr vom Parteijargon und Neuerungen im Wortschatz sind nach Schmitt (2009: 104–109) nicht belegt. Schröder und Fix (1997) kritisieren jedoch diese Auffassung: Schröder (1997) unterscheidet tatsächlich zwischen 1. DDR-spezifischen, 2. DDR-geprägten und 3. DDR-gebundenen Wörtern. Die ersten sind auch nach der Wende im Bundesdeutschen verblieben, während die zweiten und die dritten immer mehr verschwinden. Es gibt dann – wie Fix (1997) bemerkt – fließende Grenzen unter den verschiedenen Typen, da die DDR-geprägten Ausdrücke teilweise auch DDR-spezifisch und DDR-gebunden sind. Fix (1997) vertritt dennoch die These, dass es möglich ist, semantische Unterschiede zwischen Ost- und Westdeutschland zu erkennen: Wörter wie z. B. *Villa* oder *Plattenbau*, die im Westen entweder positiv oder neutral bewertet werden, haben in Ostdeutschland eher eine negative oder – im Fall von *Plattenbau* – positive Konnotation. Meiner Meinung nach ist es aber nicht möglich zu behaupten, dass diese semantischen Unterschiede nur für die DDR typisch waren: Zwischen 1949 und 1989 hatten BRD und DDR auch sprachliche Kontakte untereinander, da es fast überall in der DDR möglich war, den Westdeutschen Rundfunk zu empfangen, auch wenn der umgekehrte Fall nicht möglich war[35]. Daher wussten die Ostdeutschen, wie sich die deutsche Sprache in der Nachkriegszeit weiterentwickelt hatte. Außerdem konnte auch ein Westdeutscher mit kommunistischem Hintergrund eine *Villa* negativ bewerten und umgekehrt ein Ostdeutscher, der politisch gegen das DDR-Regime war, das Wort *Plattenbau* für neutral halten. Deswegen haben Aufsätze wie *Wir sind ein Wörterbuch! – Duden Ost + Duden West = Einheitsduden? Zum Erscheinen der 20. Auflage DUDEN Die deutsche Rechtschreibung* von Burkhard Schaeder nach Schmitt (2009) und meiner Meinung nach keinen Sinn, weil es nie wirklich zwei Standardsprachen gegeben hat. Die übriggebliebenen Spuren der DDR-Wortschatz sind dennoch ein Problem für die Erkennung der Deutschlandismen, da sie immer mehr verschwinden. Deswegen ist es fragwürdig, ob es sich wirklich lohnt, diese Ausdrücke in den Wörterbüchern als Teutonismen zu bezeichnen oder nicht.

6.2 Wörter und Unwörter des Jahres

Seit 1972 wird jedes Jahr von der Gesellschaft für Deutsche Sprache (GfdS) in Wiesbaden der deutschen Bevölkerung die Möglichkeit gegeben, „[...] Wörter

---

35 Es gab nur einige Gebieten in der Nähe von Eisenach, wo es nicht möglich war, den bundesdeutschen Rundfunk zu empfangen.

und Ausdrücke, die die öffentliche Diskussion des betreffenden Jahres besonders bestimmt haben, die für wichtige Themen stehen oder sonst als charakteristisch erscheinen"[36] auszuwählen. Diese Termini sind als *Wörter des Jahres* bekannt und werden seit 1978 in der Zeitschrift *Der Sprachdienst* – die von dem obengenannten Institut herausgegeben wird – regelmäßig publiziert. Diese Tradition hat sich im Laufe der Jahrzehnte auch in anderen Ländern verbreitet: Seit 1990 gibt es eine amerikanische[37] und eine österreichische[38] Version des *Wortes des Jahres* und seit 2002 auch eine Liechtensteinische[39]. In den letzten Jahren wird das *Wort des Jahres* auch in der Schweiz (2003)[40] und in Südtirol (2005)[41] gewählt.

Darüber hinaus hat die GdfS ab 1991 ein Wettbewerb *Unwort des Jahres* eingeführt, das Gegenteil des *Wort des Jahres* bildet. Seit der Wahl einer eigenen Jury 1994 wird das *Unwort des Jahres* nicht mehr von der GdfS bekannt gegeben[42].

Da sowohl das *Wort* als auch das *Unwort des Jahres* in Deutschland wie auch in den anderen oben zitierten Ländern gewählt wird, wäre es möglich anzunehmen, dass die deutschen *Wörter* und *Unwörter des Jahres* Deutschlandismen sind. Dies ist jedoch nicht der Fall, weil die Frequenz nur beschränkt ein Kriterium für die Wahl dieser Wörter ist[43]: Wie auch Bär (2003) behauptet, ist das „Wort des Jahres" ein relativ neuer Ausdruck, es kann auch aus einem Satz bestehen, ist von der Mehrheit der deutschen Bevölkerung bekannt und kommt in einem bestimmten Jahr in der Presse und im Fernseher ziemlich häufig vor. Dies bedeutet aber nicht, dass die ausgewählten Wörter im Allgemeinen Ausdrücke sind, die immer wieder präsent sind. Deswegen sind sie nicht zu den Teutonismen zu zählen.

6.3 Definition von Gesamtdeutsch

Aus D1 wird fragwürdig, wie die Standardvarietät Deutschlands sich vom Gesamtdeutsch unterscheidet. So wie für die Erläuterung des Begriffs (Gesamt-) Sprache (s. 1.2), ist aber eine Definition von *Gesamtdeutsch* problematisch: Einerseits könnte dieser Terminus als Synonym für *deutsches Standarddeutsch* gelten, weil er als Hyperonym verwendet werden könnte, um das ganze System

---

36 http://www.gfds.de/aktionen/wort-des-jahres/ (Zugriff am 12.03.2013).
37 http://www.americandialect.org/woty (Zugriff am 12.03.2013).
38 http://www-oedt.kfunigraz.ac.at/oewort/ (Zugriff am 12.03.2013).
39 http://www.wort.li/ (Zugriff am 12.03.2013).
40 http://www.chwort.ch/ (Zugriff am 12.03.2013).
41 http://www.wopapa.it/it/wopapa/default.html (Zugriff am 12.03.2013).
42 http://www.unwortdesjahres.net/ (Zugriff am 12.03.2013).

der deutschen Sprache Deutschlands zu beschreiben. In diesem Sinne gäbe es auch ein *Gesamtösterreichisch* und ein *Gesamtschweizerisch*, da diese Varietäten auch als Systeme betrachtet werden können. Das impliziert jedoch, dass Schweizerdeutsch eine eigene Sprache ist. Hans Bickel und Kurt Mayer in Mayer (2006) behaupten, dass die Schweiz eine eigene Sprache hat und dass dieses Land als Vollzentrum der deutschen Sprache zu betrachten ist[43]. Im Gegensatz dazu sind einige Linguisten – darunter Ammon (1995) – der Meinung, dass die deutsche Standardsprache in der Schweiz viele Merkmale aufweist, die auch im Südwesten Deutschlands üblich sind. Darüber hinaus, hat die Schweiz kein nationales Wörterbuch, es wird immer mehr Dialekt gesprochen, und das Deutsche ist nur eine ko-offizielle Sprache. Deswegen ist es nicht möglich, die Schweiz als nationales Zentrum des Deutschen zu betrachten. Schließlich gibt es eine dritte Gruppe von Wissenschaftlern, wie Polenz (1999), Bertele (2004) und Hägi (2005), die die Schweiz nur beschränkt als Vollzentrum betrachten: Hägi (2005) beweist, dass das Deutsche nur aus einem linguistischen Blickwinkel Muttersprache der Deutschschweizer ist, nicht aber aus einem Soziolinguistischen, weil dieses Land eine Situation von „medialer Diglossie" erlebt.

Andererseits kann der Ausdruck Gesamtdeutsch als eine „ideale" Sprache, die alle nationale Varietäten des Deutschen überdacht und die von allen Sprechern akzeptiert, verstanden und verwendet wird, beschrieben werden. Diese Varietät ist also in allen formalen Kontexten erwünscht, und sollte alle Verständigungsprobleme verhindern. Dabei wird fragwürdig, ob das Gesamtdeutsch nur die staatlichen Varietäten Deutschlands, Österreichs und der Schweiz, oder ob es auch die deutsche Sprache in der Halb- und Viertelzentren (s. Teil B) überdachen soll. Im letzten Fall wäre das Gesamtdeutsch mit dem Esperanto vergleichbar, weil es – genau wie die vom polnischen Arzt jüdischer Herkunft, L. L. Zamenhof, erfundene Sprache – eine Niemandssprache ist, die künstlich geschaffen wäre. So eine Überdachung ist nur theoretisch, jedoch praktisch nicht möglich: Selbst das Esperanto, das als Versuch einer Entwicklung von einer Sprache, die Wörter aus allen Sprachen auf der Welt enthält, erfunden wurde, hat nie das Englische ersetzt, da das Esperanto sich aus politischen und wirtschaftlichen Gründen nicht verbreitet hat.

Konsequenterweise spielen Politik und Ökonomie eine entscheidende Rolle bei der Verbreitung einer nationalen Varietät, weil wie Muhr (1995: 81) bemerkt, „ein Land, in dem man nur ein Dialekt spricht, […] nicht ernst zu nehmen [ist]". Daraus folgt, dass es wünschenswert wäre, dass sich in der Zeit

---

43 Rash (2002: 49–64) beweist, dass Schweizerdeutsch in allen Feldern zunimmt.

der Europäischen Union, in der sich die Kontakte zwischen den 27 Mitglieds-
ländern auf allen Ebenen verbessern, eine überstaatliche Varietät des Deutschen entwickeln würde, die alle Selbst- und Außenstereotypen[44] – die auch die
Verbreitung einer Sprachvarietät entscheiden – überwindet. Zurzeit ist ein
solches Szenarium jedoch undenkbar und unmöglich: Aus demografischen und
wirtschaftlichen Gründen ist Deutschland das größte Zentrum der deutschen
Sprache und deswegen wird das deutsche Standarddeutsch als überregional und
übernational empfunden. Es ist dann auch auszuschließen, dass das Gesamtdeutsch mit der deutschen Sprache im DaF[45]-Unterricht koinzidiert. Einerseits
wird unter den Experten (vgl. Muhr 2000 u. a.) diskutiert, wie nationale Varietäten des Deutschen den Ausländern vermittelt werden sollten. Andererseits ist es
dennoch zwischen einem DaF-Unterricht im deutschsprachigen Inland, in dem
„die Normen des jeweiligen Landes primär […]" (Allmayer 2004: 9) sind, und
einem DaF-Unterricht im Ausland, der eine möglichst universelle Sprache zeigen sollte (Ebd.), zu unterscheiden. Besonders in diesem letzten Bereich wären
nationale Varietäten des Deutschen zu berücksichtigen. Dies ist aber nicht der
Fall: Viele Lernmittel beachten die Plurizentrik des Deutschen nicht oder nicht
ausreichend, da es hier die Tendenz gibt, sich an das deutsche Standarddeutsch
anzupassen (Vgl. Allmayer 2004). Darüber hinaus werden grammatische Unterschiede zwischen der deutschen Sprache in Deutschland und in Österreich oder
in der Schweiz nicht behandelt, und in den meisten Fällen wird das Erlernen
der diatopischen Varietäten der deutschen Sprache auf die Grüße beschränkt.
Daraus folgt, dass viele Lerner – besonders am Anfang – Probleme damit haben,
weil sie ungesteuert gelernt werden.

6.4 Merkmale des deutschen Standarddeutschen

6.4.1 Phonologie

Vokale

Laut Ammon (1995: 335–338) und Wiesinger u. a. (2009: 6–228) sind typische
phonologische Merkmale des deutschen Standarddeutschen[46]:

1. Aussprache [Y] von dem Buchstabe <y> in manchen Lehnwörtern wie
   Ägypten, Physik, Forsythie, System, usw.;

---

44 s. dazu Ammon (1995: bes. zur Stereotypen Deutschlands S. 379–384).
45 Abkürzung von Deutsch als Fremdsprache.
46 Alle Beispiele in diesem und in den folgenden Abschnitten stammen aus Ammon
    (1995: 331–357).

2. „Realisation des End -<e> als [ə] vor allem beim Lehnsuffix -<age>" (z. B. *Bandage, Chance, Garage, Nuance* usw.) (Ammon 1995: 337);
3. Der Vokal in Ausdrücken wie *Chef, Geschoß, Walross* usw. wird kurz ausgesprochen;
4. in den Elementen *-it, -ik, -iz, -atik, -atisch* bei Lehnwörtern wie *Appetit, dramatisch, Fabrik,* und in den Wörtern *Afrika, Barsch, Jagd,* u. a. ist der Vokal lang und akzentuiert;
5. die Endsilbe *-er* wird vokalisiert (z. B. *heiter, Kinder, Lieder, Peter* usw.);
6. die Reduktion der Endsilben *-em, -en* und *-el* auf den silbischen Konsonanten -[m], -[n], -[l] bei *Atem, Banden, Handel* u. a.

Folgende Merkmale sind im Gegensatz dazu regional und spezifisch norddeutsch:

1. Die Aussprache von Wörtern wie *Bad, Glas, Gras, grob,* usw. mit kurzem Vokal;
2. „Geschlossenes [e:] in Wörtern mit <ä>-Schreibung" (s. *Mädchen, Bär, Häfen* u. a.) (Ebd.: 336);
3. <r>-Vokalisierung bei *Berlin, Kirche, Hirt* usw.;
4. Realisierung des [i] als [ʏ];
5. <sp> als /sp/.

Konsonanten

Bei den Konsonanten sind nach Ammon (1995: 337) folgende situationsabhängige Teutonismen zu erkennen:

1. Wörter wie *Hose, Genie, Garage* usw. werden stimmhaft ausgesprochen (['hoze], ['ʒeni:], [ga'raʒ]);
2. [ç]-Aussprache des <ch>- in Termini wie *Chemie, Chirurg* usw.;
3. [ç]-Aussprache des <g> im Suffix *-ig* oder im unbetonten Wortelement *-igt* (*König, erledigt* u. a.);

Situationsunabhängige Deutschlandismen sind:

1. [ljə]-Aussprache von *-ille* in *Quadrille, Vanille,* usw.;
2. Wörter wie *Pension, Pensionär* werden entweder mit [aŋ] oder mit [ɛn] ausgesprochen. Das gleiche gilt auch für das Suffix *-ment* (*Abonament, Apartament* u. a.);
3. *Bon Bon, Fasson, Ponton, Balkon* usw. werden [ɔn] ausgesprochen;

Die Aussprache von ‚Billard' und manche anderen Wörtern sind Einzelfälle, während typisch norddeutsch sind:

1. die Aussprache des <g> als [ç] in *Sarg, Krieg, Tag,* usw.;
2. die [ŋk]-Aussprache von -<ng> in *Anfang, Jung, Zeitung* u. a.;
3. [ŋ]-Aussprache in Ausdrücken wie *Enquete, Fond, Plafond* usw.

6.4.2 Akzent

Der Akzent kann nach Ammon (1995: 338) auf folgenden Silben liegen:

1. der Ersten (z. B. *Sakko, Ballast, Kabaret, Mannequin, Kaffee* usw.);
2. der Zweiten (s. *Oblatte, absichtlich, Abteil* u. a.);
3. der Dritten (z. B. *Papagei, philarmonisch* usw.);
4. der Letzten (vgl. *Marzipan*);
5. dem Grundwort (s. *Bürgermeister, Oberstleutnant, Durcheinander*);
6. der letzten Silbe + Langvokal (*Mathematik*);
7. der letzten Silbe in Fremdwörter aus dem Französischen (z. B. *Buffet, Portier* usw.).

6.4.3 Grammatik

Nach Ammon (1995: 353–355) lassen sich folgende Teutonismen auf der grammatischen Ebene herauskristallisieren:

1. Unterschiede im Substantivgenus:
   a. A + CH= *die Ausschrank* → D: *der Ausschrank*
   b. A= *die Spachtel* CH= *das Spachtel* → D: *der/die Spachtel*;
   c. A = *das Aspik* → D: *der/das Aspik*;
   d. A + CH= *das Biskuit* → D= *der/das Biskuit*;
   e. A + CH= *das Chinchilla* → D= *die/das Chinchilla (das Tier)*;
   f. A + CH= *der Chinchilla* → D= *das Chinchilla (der Pelz)*;
   g. A + CH= *die Gaudi* → D= *das Gaudi*;
2. Veränderungen im Plural:
   a. A + CH= *der Kragen, die Krägen* → D= *der Kragen, die Kragen*;
   b. A + CH= *der Bogen, die Bögen* → D= *der Bogen, die Bogen/die Bögen*;
   c. A= *der Schall, die Schalle* → D= *der Schall, die Schalle/die Schälle*;
   d. A + Bayern= *das Mädel, Mädeln* → Norddeutschland= *das Mädel, Mädels*;
   e. A + CH= *der Delta, die Deltas* → D= *der Delta, die Delten/die Deltas*;
   f. A + CH= *der Diwan, die Diwans* → D= *der Diwan, die Diwane*;
   g. A + CH= *das Unikum, die Unika* → D= *das Unikum, die Unikums/die Unika*;
3. Perfekt mit *haben* anstelle von *sein* bei Verben wie *hängen, liegen, sitzen, stecken, stehen.*

4. Besonderheiten bei der Wortbildung:
   a. D= *der Krebsmahl* → A + CH= *der Krebsenmahl*;
   b. D= *der Zugführer* → A + CH= *der Zugsführer*;
   c. D = *die Abbrucharbeit* → A + CH= *die Abbruchsarbeit/die Abbruchearbeit*;
   d. D= *der Blasebalg* → A= *der Blasebalg/der Blasbalg*; CH= *der Blasbalg*;
   e. D= *der Absteigequartier* → A + CH= *der Absteigquartier*;
   f. D= *der Hemdsärmel* → A= *der Hemdsärmel/der Hemdärmel*; CH= *der Hemdärmel*;
   g. D= *der Rinderbraten* → A + CH + Süddeutschland= *der Rindsbraten*;
   h. D= *zweigradig* → A + CH= *zweigrädig*;
   i. D= *Rechenaufgabe* → A + CH= *Rechungaufgabe*;
5. Ableitung:
   a. Abwesenheit des Suffix – *s* bei *durchgehend, durchweg, ferner* usw.;
   b. der Gebrauch des Diminutivsuffixes –*chen* anstelle von –*lein* (in Süddeutschland auch üblich);
   c. *Akquisiteur, Kontrolleur, Redakteur* usw. anstelle von *Akquisitor, Kontrollor, Redaktor*;
   d. *Volkswirtschaftler* oder *Wissenschaftler* anstelle von *Volkswirtschafter* und *Wissenschafter*.

6.4.4 Pragmatik

Pragmatische Besonderheiten der Standardvarietät Deutschlands lassen sich nach Ammon (1995: 355–356) im Bereich der Grüße und der Militärkommandos erkennen. Außerdem ist die Verwendung der Titel bei der Anrede und beim Referieren seltener als in Österreich.

6.4.5 Orthografie

Im Laufe des 20. Jahrhunderts hat sich die deutsche Rechtschreibung, die zum ersten Mal 1880 durch den *Urduden* (vgl. 3.2) von Konrad Duden kodifiziert wurde, weiterentwickelt: 1901 wurde eine erste Reform eingeführt, um damit das Grafem „th" in Wörtern wie *Tal* (vorher *Thal*) abzuschaffen[47]. Später – im Jahre 1941 – wurde auch das gotische Alphabet, das heute nur in den Aufschriften gebräuchlich ist, außer Kraft gesetzt. Im Laufe der Jahrzehnte wurde die Orthografie Deutschlands bis zur letzten Reform im Jahre 1996, die wegen der Wi-

---

47 Das Grafem „th" hat heute nur aus historischen Gründen in Wörtern wie „Neanderthal" überlebt.

derstände einiger deutschen Zeitungen wie der FAZ (Frankfurter Allgemeiner Zeitung) u. a. erst im Jahre 2006 (2007 in der Schweiz) in Kraft getreten ist, aktualisiert. Dabei wurden die Rechtschreibregeln mit Linguisten aus den Vollzentren der deutschen Sprache (Vgl. dazu A1.1) bestimmt. Deswegen sind die orthografischen Unterschiede weniger spürbar geworden: Alle deutschsprachigen Länder haben die Großschreibung aller Substantive und Abkürzungen, die gleiche Interpunktion und die Verwendung von Bindestrichen sowie die ungetrennte Schreibweise einiger Verben und Konjunktionen wie *kennenlernen* (vorher untrennbar) oder *aufgrund* u. a. Die Schweiz hat aber einige Besonderheiten ihrer Rechtschreibung, die im C4.7 besprochen wurden, beibehalten.

Problematisch ist aber die Verwendung des „ß", das von Ammon (1995: 333) für einen Teutonismus im weiteren Sinn gehalten wird, weil es sowohl in Deutschland als auch in Österreich vorkommt. Dieser Buchstabe, der als letzte Spur des gotischen Alphabets gilt, ist heute nur teilweise verschwunden, weil er immer noch nach Kurzvokalen vorkommt. In den anderen Fällen wird er vom Graphem „ss" ersetzt. Daraus folgt, dass Termini wie *muss, tschüss, Straße, Fuß* usw., die vorher alle mit „ß" geschrieben wurden, heute unterschiedliche Schreibweise haben, und dass die Schreibung von Wörtern wie *essen* usw. nicht stabil ist, da das Graphem „ss" zur Kennzeichnung der Vokalquantität verwendet wird: Das Verb *essen* wird im Präteritum mit „ß" geschrieben, da der Vokal lang ist.

Ammon (1995: 333–334) berichtet schließlich von der Präsenz einiger Teutonismen bei der Schreibung einiger Fremdwörter wie *Kraulen* (A + CH= *Crawlen*) oder *Kabarett* (A + CH= *Cabaret*). Konsequenterweise sind Fremdwörter in der Varietät Deutschlands mehr eingedeutscht als im österreichischen und schweizerischen Standarddeutsch. Dabei wäre also interessant zu untersuchen, ob die Verwendung von eingedeutschten Fremdwörtern typisches Merkmal des deutschen Standarddeutsch ist, oder ob es nur eine Frage sozialen Schichten ist – denn Fremdwörter gelten normalerweise als gebildet.

7. Empirie: Die Plurizentrik in den deutschen Wörterbüchern

Um zu bestimmen, welche Ausdrücke als Teutonismen markiert werden sollten, wurde eine qualitative Untersuchung am Beispiel der folgenden Termini – *Adresse/Anschrift, Apfelsine/Orange, Aubergine/Melanzani, Bude, Installateur/Klempner/Spengler, kehren/fegen, Kiosk/Trafik, Möhre/Karotte/Rübe, Mahlzeit!/Guten Appetit!, Omnibus, plätten/glätten/bügeln* und *Sonnabend/Samstag* – durchgeführt. Diese Wörter wurden sowohl in Kempke (2000) als auch im LGWDaF (2010) nachgeschlagen und mit den Kriterien in E5.1 verglichen. Im folgenden Abschnitt werden die Ergebnisse gezeigt.

7.1 Adresse/Anschrift

Mit rund 12.000 Treffern in Deutschland ist der Ausdruck *Anschrift* laut COSMAS II eher in Nord- und Mitteldeutschland gebräuchlich, während *Adresse* mehr unspezifischer ist: Letzter Terminus ist in der Nähe von Mannheim, Frankfurt am Main und Nürnberg durch *Anschrift* austauschbar und kommt in Österreich und in der Schweiz häufiger vor. Diese beiden Wörter sind aber sowohl im LGWDaF (2010) als auch im Kempke (2000) nicht markiert. In Ammon (1995) wird *Adresse* für einen unspezifischen *Austriazismus* und *Anschrift* für einen *Teutonismus* (*Deutschlandismus*) gehalten. In Ammon u. a. (2004) wird *Adresse* als gesamtdeutsch betrachtet, während *Anschrift* die Kennzeichnungen „A" und „D" (d. h. nur in Österreich und in Deutschland gebräuchlich) tragen. Im *Duden* ([7]2011) wird nur das Wort *Adresse* als UGS. (umgangssprachlich) markiert, währenddessen *Anschrift* keine Erörterungen hat. Ähnliche Resultate sind auch im ÖWB ([42]2012) und in Mayer (2006) nachweisbar: Im ÖWB ([42]2012) werden sowohl *Anschrift* als auch *Adresse* nicht gekennzeichnet, während sie in Mayer (2006) kommen gar nicht vorkommen. Aus diesen Gründen ist es nicht möglich zu sagen, welcher einer, beide oder keine der analysierten Ausdrücke ein Deutschlandismen sind oder nicht.

7.2 Apfelsine/Orange

Ammon (1995) und Ammon u. a. (2004) markieren *Apfelsine* als Deutschlandismus, während *Orange* für typisch österreichisch und schweizerisch gehalten wird. Stimmen diese Befunde noch?

Aus COSMAS II wird klar, dass sowohl *Apfelsine* als auch *Orange* in ganz Deutschland verbreitet sind. Dieser Befund scheint vom *Duden* ([7]2011) bestätigt zu werden, da diese beiden Termini darin nicht erörtert werden. Dem wird auch von Ammon u. a. (2004) und vom ÖWB ([42]2012) widersprochen, weil im letzten Fall nur das Wort *Orange* keine örtlichen Markierungen trägt. In Mayer (2006), LGWDaF (2010) und Kempke (2000) sind sie entweder nicht angegeben oder unmarkiert. Daraus folgt, dass die Einstufung des Wortes *Apfelsine* als Teutonismus nicht belegbar ist.

7.3 Aubergine/Melanzani

Der Ausdruck *Aubergine* ist laut Ammon (1995) und Ammon u. a. (2004) ein unspezifischer Deutschlandismus, weil er sowohl in Deutschland als auch in der Schweiz vorkommt, während *Melanzani* in Österreich verwendet wird. Diese Befunde werden auch von COSMAS II und vom ÖWB ([42]2012) bestätigt. In den Wörterbüchern ist die Situation dennoch unsicherer: Im *Duden* ([7]2011) wird nur

Melanzani mit „ÖSTERR." bezeichnet, während sowohl *Aubergine* als auch *Melanzani* in Mayer (2006) und in Kempke (2000) nicht vorkommen. Dahingegen ist im LGWDaF (2010) nur Aubergine präsent und unmarkiert. Als Konsequenz sind also Ammon (1995) und Ammon u. a. (2004) gerechtfertigt zu vertreten, dass *Aubergine* ein unspezifischer Teutonismus ist.

7.4 Bude

Der Ausdruck *Bude* gilt als abwertendes Synonym für *Wohnung* und wird laut COSMAS II mit seinen 5.666 Treffern am häufigsten in Deutschland verwendet. Das Wort *Bude* enthält im *Österreichischen Wörterbuch* ([52]2012), LGWDaF (2010) und Kempke (2000) keine geographische Angabe und in Ammon et al. (2004) trägt er sowohl die Bezeichnung CH als auch die Markierung D. Im Duden ([7]2011) hat das Wort *Bude* keine besondere Markierung (außer UGS und ABWERTEND), während es in Mayer (2006) gar nicht vorkommt. Deswegen kann man durchaus darauf schließen, dass es ein unspezifischer Deutschlandismus ist.

7.5 Installateur/Klempner/Spengler

Mit dem Wort *Klempner* ist „eine Person, die berufsmäßig Gasleitungen, Heizungen, Wasser- und Sanitäranlagen installiert und repariert" (Ammon u. a. 2004) gemeint. Dieser Ausdruck hat aber auch viele andere Synonyme – *Spengler, Installateur, Hydrauliker, Blechner* und *Flaschner* – die teilweise regional sind. Laut Ammon u. a. (2004) ist *Klempner* nur in Deutschland (außer dem südwestlichen Teil) gebräuchlich, während in LGWDaF (2010) nur das Wort *Spengler* die Markierungen „A" und „CH" trägt. Im Gegensatz dazu werden *Klempner* und *Installateur* nicht gekennzeichnet, während *Spengler* nicht vorkommt. Ist es dann daraus zu schließen, dass es ein Deutschlandismus ist?

Mit seinen 1859 Treffern in COSMAS II kommt das Wort *Klempner* am häufigsten in den Texten aus Deutschland vor, während Varianten wie *Spengler, Installateur* oder *Flaschner* sind auch in Österreich und in der Schweiz üblich, obwohl sie dort seltener vorkommen. Fast unbekannt, jedoch nur in Texten aus Deutschland oder aus der Schweiz präsent, sind die Wörter *Blechner* und *Hydrauliker*, die laut Ammon u. a. (2004) respektiv im Südwesten Deutschlands und in Südtirol üblich sind. Die Situation wird in König ([17]2011) noch komplexer: Das Wort *Klempner* wird nur in Norddeutschland verwendet, während *Spengler* in Bayern, in Österreich, im größten Teil der Schweiz und in Hessen vorkommt. Aus König ([17]2011) wird außerdem klar, dass *Flaschner* ganz regional im westlichen Teil von Baden Württemberg, in der Region St. Gallen und in Thüringen ist. Darüber hinaus sind in König ([17]2011) andere Ausdrücke, wie *Dachdecker* oder *Blechschmied*, enthalten, die in Ammon u. a. (2004) nicht registriert sind. Im *Österreichischen Wörterbuch* ([42]2012) wird das Wort *Klempner* mit der Markierung „nördl. D" bezeichnet, während *Spengler* keine örtliche Angabe trägt.

Flaschner und *Blechner* kommen hier gar nicht vor, während *Hydrauliker* – und dabei ist die letzte Auflage dieses Wörterbuches ganz neu – mit der Bezeichnung „SüdT." markiert wird. Im Gegensatz dazu trägt *Klempner* im *Duden* ([7]2011) keine Kennzeichnungen und *Spengler, Blechner, Installateur* und *Flaschner* sind als BES. SÜDD., SCHWEIZ., ÖSTERR. bezeichnet. Die Form *Hydrauliker* kommt gar nicht vor. Ähnliche Ergebnisse sind auch bei Mayer (2006) erkennbar: Darin gibt es nur das Wort *Spengler*, die als „auch österr., südd." gekennzeichnet ist.

Das Wort *Klempner* könnte dann zu den Deutschlandismen gezählt werden, obwohl es etwas regional erscheint. Im Gegensatz dazu scheint der Ausdruck *Spengler* ein unspezifischer Austriazismus (Vgl. D4) zu sein, während *Blechner* und *Flaschner* regional sind. *Hydrauliker* und *Installateur* sind ein Südtirolismus (Vgl. B3.1.2) und ein Austriazismus.

7.6 Kehren/fegen

In Ammon (1995) gilt das Wort *kehren* als unspezifischer Teutonismus (dieses Verb kommt sowohl in Deutschland als auch in Österreich vor) und *fegen* als unspezifischer Austriazismus, der in Österreich und in der Schweiz (in diesem Land neben *wischen*) üblich ist. Ammon u. a. (2004) präzisiert noch diese Befunde und berichtet, dass *kehren* in Österreich und im Südosten Deutschlands verwendet wird, während *fegen* nur in Deutschland vorkommt. Im *Duden* ([7]2011) gilt das Verb *kehren* als BES. SÜDD. und *fegen* als BES. NORDD., während sie sowohl im ÖWB ([42]2012) als auch im LGWDaF (2010) nicht räumlich markiert werden. In Kempke (2000) wird nur *kehren* als „südd." betrachtet, und in Mayer (2006) ist nur *fegen* für „mundartnah, auch südd." gehalten.

Wie auch in COSMAS II zu erkennen ist, ist es also komplex zu bestimmen, ob *kehren* ein Teutonismus ist oder nicht, auch wenn in der „Länderansicht" werden viele Treffer in Deutschland gefunden werden. Zunächst ist es zwischen *kehren* im Sinne von *fegen* und *kehren* als Synonym für *zurückkommen* zu trennen. Dann ist es auch zwischen den Quellen zu unterscheiden. Die Seiten von *Wikipedia* werden mit den Nachrichten aus deutschen Zeitungen wie der *Berliner Morgenpost*, die *Braunschweiger Zeitung*, der *Mannheimer Morgenpost* usw. und mit den Belegen aus belletristischen und fachlichen Büchern aus

Deutschland gelistet, weil sie in dem URL den Domain .de[48] haben. Da es keine österreichische und schweizerische Version von Wikipedia gibt, ist es nicht möglich, die Befunde in COSMAS II zu überprüfen.

7.7 Kiosk/Trafik

Das Geschäft, in dem Tabakwaren, Zeitungen, Zeitschriften und Süßigkeiten verkauft werden, ist normalerweise in Deutschland als *Kiosk* und in Österreich als *Trafik* bekannt. Der Ausdruck *Tabakladen*, der in Ammon (1995) noch enthalten wird, scheint hingegen veraltet zu sein (694 Treffer in COSMAS II zwischen 1959 und 2012). Ist das Wort *Kiosk* ein Teutonismus?

Ammon u. a. (2004) berichtet, dass *Kiosk* gesamtdeutsch ist, während *Trafik* nur in Österreich gebräuchlich ist. Dasselbe ist auch in COSMAS II zu erkennen und ähnliche Ergebnisse sind in *Duden* ([7]2011) und in *ÖWB* ([42]2012) nachweisbar: Im ersten Fall wird nur das Wort *Trafik* als ÖSTERR. gekennzeichnet, während in dem zweiten keine örtliche Markierungen angegeben werden. In LGWDaF (2010) und Kempke (2000) wird *Kiosk* nicht gekennzeichnet und *Trafik* kommt gar nicht vor. In Mayer (2006) sind die beiden analysierten Ausdrücke nicht präsent und deswegen ist es nicht möglich zu sagen, wie viel sie in diesem Land verbreitet sind. Aufgrund der verschiedenen Quellen scheint aber *Kiosk* ein Teutonismus zu sein.

7.8 Mahlzeit!/Guten Appetit!

Ein interessanter deutscher Ausdruck ist *Mahlzeit*, der von der Exklamation *gesegnete Mahlzeit!* kommt, und der sowohl als Synonym für *Guten Appetit!* als auch als Begrüßung in der Mittagspause verwendet werden kann. Dieser Terminus wird laut COSMAS II und Ammon u. a. (2004) eher im Südosten Deutschlands und in Österreich verwendet, während *Guten Appetit* gesamtdeutsch ist, aber sowohl in Mayer (2006) als auch in Ammon (1995) sind weder *Mahlzeit!* noch *Guten Appetit!* präsent. Im *Duden* ([7]2012) wird *Mahlzeit* als UGS. markiert und in ÖWB ([42]2012), LGWDaF (2010) und Kempke (2000) tragen *Mahlzeit* und *Guten Appetit* keine Kennzeichnungen. Aufgrund der verschiedenen Quellen ist *Mahlzeit* trotzdem als unspezifischer Austriazismus zu

---

48 Eine URL (Universal Reserve Locator) besteht hauptsächlich aus drei Teilen: Einen *Protokoll* (http://), der den Typ von Medium bezeichnet, einen *Server* oder *Domain*, d. h. der Name der Computer, der eine bestimmte Resource enthält (z. B. campus.sede. enea.it), und den *Pfad* (*path*), der den erwünschten File identifiziert (z. B. readme.txt). Vgl. dazu: http://www.lorenzoroi.net/corso-ip2/url.html (Zugriff am 21.03.2013).

betrachten, während *Guten Appetit* eine unspezifische nationale Varietät in allen deutschsprachigen Ländern ist.

7.9 Möhre/Karotte/Rübe

Laut Ammon (1995) ist *Möhre* ein Teutonismus, während *Karotte* ein unspezifischer Austriazismus (der Begriff kommt sowohl in Österreich als auch in der Schweiz vor) ist. Dahingegen ist *Rübe* eher ein Schweizerismus (Helvetismus). Diesem Befund wird aber von Ammon u. a. (2004) widersprochen: Im *Variantenwörterbuch des Deutschen* wird *Möhre* als „D-mittel." gekennzeichnet, während *Karotte* für Gesamtdeutsch gehalten wird. Im Gegensatz dazu sei *Rübe* in Süddeutschland üblich. COSMAS II ist in diesem Fall keine Hilfe, weil bei der „Länderansicht" die Mehrzahl der Treffer in Deutschland gefunden werden, und da wie im Abschnitt über *kehren* und *fegen* Probleme entstehen. Da *Möhre* im Duden (⁷2011) keine Markierungen trägt und im ÖWB als „reg." gekennzeichnet wird, scheint es also, dass dieser Ausdruck ein Deutschlandismus ist. Hingegen dazu seien *Karotte* und *Rübe* unspezifische nationale Varietäten: *Karotte* sollte gesamtdeutsch sein (in Mayer 2006 trägt dieser Terminus die Kennzeichnung „fachsprachlich" und sowohl in ÖWB ⁴²2012 als auch in *Duden* ⁷2011 wird das Wort nicht markiert), während *Rübe* ein unspezifischer Schweizerismus (Helvetismus) ist.

7.10 Omnibus

Laut Ammon (1995: 9) ist das Wort *Omnibus* ein Teutonismus und wird als Synonym für *Autobus* verwendet. Stimmt dieser Befund noch? Im COSMAS II werden 4.271 Treffer in Deutschland gefunden und daraus wäre zu schließen, dass es sich um einen Deutschlandismus handelt. Dieses Wort kommt aber in Ammon u. a. (2004) und in Mayer (2006) nicht mehr vor. Im *Duden* (⁷2011), im *Österreichischen Wörterbuch* (⁴²2012), LGWDaF (2010) und Kempke (2000) trägt es keine örtliche Angabe. Daraus folgt also, dass *Omnibus* ein unspezifischer Teutonismus ist, der immer seltener wird.

7.11 Plätten/glätten/bügeln

In Norddeutschland ganz üblich (vgl. dazu Ammon 1995 und COSMAS II), ist das Wort *plätten* ein Synonym für *bügeln*, obwohl es auch im übertragenen Sinn verwendet werden kann. Im Gegensatz dazu werden *glätten* und *bügeln* eher in Süddeutschland, Österreich und der Schweiz benutzt. Ist daraus zu schließen, dass *plätten* ein Deutschlandismus ist?

Dem Befund von Ammon (1995) wird nur partiell in Ammon u. a. (2004) widersprochen, da *plätten* in dieser Studie die Markierung „D-nord/mittelost" trägt, während *glätten* als ein Schweizerismus (Helvetismus) betrachtet wird. Hingegen dazu sei *bügeln* gesamtdeutsch. Ähnliche Ergebnisse sind im *Duden* ([7]2011) und in *ÖWB* ([42]2012) zu erkennen: *Plätten* hat im *Duden* die Kennzeichnung „NORDD., MD." (norddeutsch, mitteldeutsch), wird im *ÖWB* für „nördlich D." gehalten und erscheint in Mayer (2006) nicht.

Glätten wird als „SCHWEIZ." im *Duden* identifiziert und in Mayer (2006) trägt es keine Markierungen. In *ÖWB* kommt dieses Verb gar nicht vor. Im Gegensatz dazu wird der Ausdruck *bügeln* im *Duden* ([7]2011), *ÖWB* ([42]2012) und Mayer (2006) nicht gekennzeichnet. Ähnliche Ergebnisse sind auch in LGWDaF (2010) und Kempke (2000) erkennbar: Im ersten Fall werden *plätten, glätten* und *bügeln* nicht markiert. Im Zweiten wird *plätten* nicht angegeben und *glätten* und *bügeln* sind unmarkiert.

Als Konsequenz scheint also *plätten* ein Teutonismus zu sein, obwohl der Ausdruck teilweise regional erscheint[49]. Dahingegen scheinen *glätten* und *bügeln* unspezifische nationale Varietäten zu sein, auch wenn *glätten* mehr im süddeutschen Raum verbreitet sein sollte.

7.12 Sonnabend/Samstag

Als DaF-Lerner ist das Wort *Sonnabend* besonders am Anfang ganz schwer zu verstehen, weil es zuerst das Synonym *Samstag* gelernt wird und es außerdem als *Sonntag-Abend* verstanden wird. Der Ausdruck *Sonnabend* kommt am häufigsten im Nordosten Deutschlands (besonders in Berlin) vor und ist in ganz Deutschland bekannt, obwohl er immer mehr durch *Samstag* ersetzt wird. Handelt es sich dann um einen Deutschlandismus oder ist es nur eine regionale Variante?

Bei der „Länderansicht" in COSMAS II hat das Wort *Sonnabend* die meisten Treffer in Deutschland, aber trotzdem kommt es weniger vor als der Ausdruck *Samstag*. Im *Österreichischen Wörterbuch* ([52]2012) wird das Wort *Sonnabend* mit der Bezeichnung „nördl., D" markiert, während *Samstag* keine Markierung trägt. Im *Duden* ([7]2011) wird das Wort *Sonnabend* mit „BES. NORDD." gekennzeichnet und *Samstag* enthält keine diatopische Angabe. Auf der Landkarte in König

---

49 „Drachen-Traum: Im Finale Trier *plätten* Basketball: „Final Four"-Pokalturnier in Frankfurt – TV Rhöndorf trifft heute um 12 Uhr im Halbfinale auf TTL Bamberg Nachdem der Traum vom Halbfinale um die deutsche Basketball-Meisterschaft durch die Schlappen gegen Trier für Tatami Rhöndorf ziemlich unsanft geplatzt ist, wollen die Drachen nun im Pokalwettbewerb für Furore sorgen." (Herworhebung von mir) Aus: RHZ98/APR.17901 Rhein-Zeitung, 10.04.1998; in COSMAS II: https://cosmas2.ids-mannheim.de/cosmas2-web/action.subKwicSelectionAction. do (Zugriff am 21.03.2013).

(^{17}2011) ist es zu erkennen, dass *Sonnabend* in Norddeutschland und *Samstag* eher in Süddeutschland, in Österreich und in der Schweiz vorkommt. Trotzdem sind sowohl *Sonnabend* als auch *Samstag* in Mayer (2006) nicht präsent und deswegen ist es nicht möglich zu sagen, wie sehr diese beiden Ausdrücke in der Schweiz verbreitet sind. Aufgrund der anderen Quellen könnte das Wort *Sonnabend* ein Deutschlandismus sein, obwohl es immer mehr als veraltet und regional empfunden wird, während *Samstag* ein unspezifischer Teutonismus sein könnte.

7.13 Fazit

Aus der qualitativen Analyse der obigen Wörter ist zu erkennen, dass die nationalen Varietäten der deutschen Sprache schwer zu unterscheiden sind. Dieses Problem betrifft besonders die Teutonismen, weil sie im Duden nicht gekennzeichnet werden. Dabei sind die Lernerwörterbücher und COSMAS II nicht behilflich: Nur das LGWDaF markiert auch die Deutschlandismen, aber die Bezeichnung „D" ist fast ausschließlich auf die bürokratische Sprache beschränkt. Darüber hinaus wird dabei keinem wissenschaftlichen Kriterium gefolgt, da es nach einer Besprechung (am 24.01.2013 in Düsseldorf) mit Prof. Dr. Schafroth, der an diesem Wörterbuch mitgearbeitet hat, sich nur um die eigene Einschätzung der Herausgeber handelt. Die Bezeichnung als Deutschlandismus im LGWDaF basiert demnach nicht auf der jüngeren Forschungsliteratur über die Plurizentrik des Deutschen, sondern nur auf der Lebenserfahrung der Herausgeber. Damit wurde das Prinzip der Belegbarkeit der Befunde einer Untersuchung widersprochen, da die eigene Einschätzung nicht belegbar ist.

Ebenso schwer ist es, die Teutonismen mithilfe von COSMAS II zu erkennen, da die Statistiken durch die Wikipedia-Seiten (die die Domain .de haben, auch wenn sie vielleicht in Österreich und in der Schweiz erstellt werden) und von der Anonymität der Schreiber gefälscht werden können.

Die Andeutung der nationalen Varietäten des Deutschen ist jedoch besonders für die Lerner einer Fremdsprache wichtig, weil sie in der Regel am Anfang des Sprachenlernens Probleme damit haben. Daher müssten die Lernerwörterbücher neben den Austriazismen und den Schweizerismen (Helvetismen) auch die Deutschlandismen kennzeichnen.

Schließlich sollte die Plurizentrik des Deutschen auch in den normalen Allgemeinwörterbüchern bespiegelt werden, weil auch Muttersprachler Probleme damit haben können: Wenn sie nicht in der Schweiz oder in Österreich gelebt haben, sind sie nicht imstande, alle Besonderheiten des schweizerischen und des österreichischen Deutsch zu erkennen.

F. Plurizentrik im Spiegel der Lexikographie

Um später Verbesserungsvorschläge machen zu können, ist es an dieser Stelle notwendig zu untersuchen, wie Wörterbücher die Plurizentrik des Deutschen darstellen. Dieses letzte Kapitel ist in drei Teile gegliedert. Zunächst wird besprochen, wie sich die deutsche Lexikografie entwickelt hat. Besonders berücksichtigt wird die plurizentrische und die Lernerlexikografie, da nationale Varietäten des Deutschen vor allem in den Lernerwörterbüchern enthalten sein sollten. Außerdem soll die vorliegende Arbeit das *Learners' Dictionary* des Deutschen sowie das *Langenscheidt Großwörterbuch Deutsch als Fremdsprache* (LGWDaF) elaborieren. Deswegen wird eine quantitative Analyse durchgeführt. Darüber hinaus werden (im zweiten Teil des Kapitels) die Merkmale eines idealen Lernerwörterbuchs eruiert, und es werden Vorschläge für zukünftige Wörterbücher (allgemein und enzyklopädisch) gemacht.

1. Geschichte der plurizentrischen deutschen Lexikographie

Schmidlin (2011: 110–112) berichtet, dass die ersten Versuche, die Plurizentrik einer Sprache in den Wörterbüchern widerzuspiegeln, auf die Arbeiten des amerikanischen Lexikografen Noah Webster zurückzuführen sind. Hier wurde „[...] die sprachliche Unabhängigkeit des Amerikanischen vom Britischen zum selben Punkt [erklärt], als eine neue, eigene Währung eingeführt wurde" (Ebd. 110). Trotzdem wurde die amerikanische Varietät des Englischen lange nicht als solche anerkannt, und nach neueren Studien gibt es „[...] in der englischsprachigen Lexikographie ein starkes national bedingtes Ungleichgewicht [...]" (Ebd.), weil das *Oxford English Dictionary* (OED) noch im Jahr 1995 keine *Britizismen* andeutete (Ebd. 110f.). Den Studien, die Schmidlin (2011) erwähnt, werden trotzdem von der neuesten Auflage des *Oxford Dictionary of English*, das 2003 erschienen ist und 2005 revidiert wurde, widersprochen. Neben den typischen Ausdrücken aus den USA, Australien, Neuseeland, Indien, den Karibischen Inseln, Kanada, Irland, Schottland und Südafrika wird nun auch die Kennzeichnung UK für das britische Englisch verwendet. Die Bespiegelung der Plurizentrik des Englischen bleibt jedoch problematisch, besonders wenn es sich um ein *Learner's Dictionary* handelt, da es nicht immer möglich ist, alle nationalen Varietäten auch in den Bereichen Grammatik und Pragmatik, die für

Kompilation eines Wörterbuchs nicht zentral sind, zu beachten. Lernerwörterbücher müssen die Sprache beschreiben und Wörter markieren, wenn sie „not neutral or formal in style [...]" sind und wenn sie „refer to subject matter of strong localized interest" (Heat 1999: 143).

Da das Deutsche anders als z. B. das Französische keine Institution hat, die den Standard der Sprache zentral normiert, und weil die deutschsprachigen Länder sowohl geografisch als auch kulturell nah sind, hat die plurizentrische Lexikografie in Deutschland nach Schmidlin (2011: 111) eine eigene Entwicklung erlebt, die sie von der englischsprachigen unterscheidet. Die Ausarbeitung der englischen und der deutschen Wörterbücher ist meiner Meinung nach dennoch ähnlich, da sowohl England als auch Deutschland über eine Kolonialgeschichte und über eine Asymmetrie unter den Zentren (vgl. A1.1) verfügen. Darüber hinaus war die britische Varietät – genau wie das deutsche Standarddeutsch – lange Zeit mit großem Prestige verbunden: Erst in der zweiten Nachkriegszeit wurde die amerikanische Varietät neben dem *Standard British English* international akzeptiert (vgl. auch Jenkins 2009). Deswegen ist die These von Schmidlin (2011) nicht nachvollziehbar.

Vorgänger der plurizentrischen Lexikografie in Deutschland waren einige Idiotika aus Deutschland und Österreich, die die Variation der deutschen Standardsprache untersuchten (Vgl. Ammon 1995: 118 und Schmidlin 2011: 112ff.). Die moderne plurizentrische Lexikografie im deutschen Raum begann erst 1918 mit Paul Kretschmers *Wortgeografie der hochdeutschen Umgangssprache* (Vgl. Ammon 1995: 35ff., Schmidlin 2011: 112 und E1.), die später als Quelle für die kartografische Darstellung der Variation der deutschen Umgangssprache von Eichhoff galt (Schmidlin 2011: 112).

Teutonismen/Deutschlandismen sind trotzdem nur indirekt in Mayer (1989) – das 2006 aktualisiert und unter dem Titel *Schweizer Wörterbuch: So sprechen wir in der Schweiz* publiziert wurde – und in Ebner (1998) verzeichnet (Schmidlin 2011: 115f. Vgl. auch Polenz 1999: 423). Das bedeutet jedoch nicht, dass sie nicht untersucht wurden. Polenz (1999: 423) berichtet, dass schon zwischen 1871 und 1919 die Beschreibung des *Reichsdeutschen* versucht wurde.

Die ersten modernen Versuche, Deutschlandismen zu erörtern und zu kodifizieren, sind auf die Aufsätze von Michael Clyne (insbesondere Clyne 1984 und 1995a) und auf Ulrich Ammon (Ammon 1995) zurückzuführen. Seitdem wurden das *Variantenwörterbuch des Deutschen* (Ammon u. a. 2004) und 2006 eine Variantengrammatik (Schmidlin 2011: 108. Vgl. auch Dürscheid u. a. 2009) entwickelt[1],

---

1   Diese Grammatik ist noch nicht erschienen.

aber Wörterbücher – außer dem *Österreichischen Wörterbuch* – klassifizieren die Teutonismen nicht. Deswegen klagt Ammon (2004) über Wörterbücher, dass sie den Benutzern aus Österreich und der Schweiz bei der Erkennung der eigenen nationalen Varietäten nicht helfen. Aus diesem Grund wünscht er sich, dass bald Deutschlandismen (Teutonismen) neben den Austriazismen und Schweizerismen (Helvetismen) markiert werden. Im Fall der Lernerwörterbücher ist die Situation jedoch ähnlich, da die meisten Nachschlagewerke – das LGWDaF ausgenommen – nur die lexikalischen Besonderheiten des österreichischen und des schweizerischen Standarddeutschen beachten. Phonetische, grammatische und pragmatische Unterschiede, die auch Probleme für Lerner darstellen (Vgl. dazu Heath 1999 für die englische Sprache), werden trotzdem fast nicht behandelt.

Wie hat sich die Situation in den letzten acht Jahren verändert? Um diese Fragen zu beantworten, wurde neben der qualitativen Untersuchung in Kapitel E6 auch eine quantitative Analyse, deren Ergebnisse im nächsten Abschnitt besprochen werden, durchgeführt.

2. Die Plurizentrik des Deutschen in den Wörterbüchern: Quantitative Untersuchung

Mithilfe des LGWDaFs (2010), von Kempke (2000) und – für die Verbreitung der grammatischen Besonderheiten – von COSMAS II wird untersucht, wie Lernerwörterbücher die Plurizentrik des Deutschen im Bereich der Phonetik, Grammatik, Semantik, Pragmatik und Orthografie behandeln. Bei der Semantik werden besonders Kulturspezifika und Ausdrücke mit gleichem Begriff – aber unterschiedlicher Bedeutung (z. B. der *Estrich* oder das *Gebäck*) – berücksichtigt. Im Bereich der Grammatik wird die Verwendung des Hilfsverbs *sein* anstelle von *haben* in Kombination mit *sitzen*, *liegen* und *frieren* untersucht. Die quantitative Analyse im Bereich der Orthografie wird am Beispiel der Wörter *benutzen/benützen* und *Straße/Strasse* durchgeführt. In der Phonetik werden die Wörter *Ägypten* und *Abonnement*[2] beachtet. Schließlich wird – im Bereich der Pragmatik – die Verbreitung der Grußformeln analysiert.

2.1 Phonetik

Insbesondere zu Beginn ist die Phonetik schwierig für den Lerner, weil der Sprecher oft von seiner regionalen Herkunft beeinflusst wird. Neben den regionalen

---

2   In der Schweiz als [-ˈmɛnt]. Vgl. dazu Ammon (1995: 257).

Akzenten gibt es indes auch unterschiedliche Standards innerhalb der deutschsprachigen Länder, die gerade von den Lernerwörterbüchern beachtet werden sollten. Diese Variation wurde in dieser Arbeit am Beispiel der Aussprache von *Ägypten* (in Deutschland wird es nach Ammon 1995 mit [Y] während in Österreich und der Schweiz mit [i] ausgesprochen) und von *Abonnement* untersucht. Wenn man im LGWDaF (2010) und Kempke (2000) diese beiden Wörter nachschlägt, ist jedoch anzumerken, dass in beiden Nachschlagewerken fast nur die bundesdeutsche Aussprache vertreten wird: Ausnahme ist das LGWDaF (2010), das für das Verb *benutzen*[3] auch die österreichische Aussprache vorstellt. Kempke (2000) hingegen registiert aber weder *Ägypten* noch *Abonnement*. Daher helfen diese Nachschlagewerke den DaF-Lernern bei der Erkennung der nationalen Varietäten nicht. Somit ist es wünschenswert, dass die Plurizentrik des Deutschen auf der phonetischen Ebene von den Wörterbüchern künftig mehr beachtet wird.

2.2 Grammatik

Neben den (bis jetzt besprochenen) phonetischen Unterschieden, gibt es auch eine nationale Variation im Bereich der Grammatik. Ammon (1995) und Muhr (2005) berichten, dass die Verben *sitzen, liegen* und *frieren*, die in der Standardsprache Deutschlands in Kombination mit dem Hilfsverb *haben* vorkommen, in Österreich und in der Schweiz mit *sein* kombiniert werden können. Diese Unterschiede werden jedoch nicht in den Grammatiken für DaF-Lerner beachtet. Daher sind die Lerner erstaunt und verzweifelt, wenn sie nach Österreich oder in die Schweiz fahren, da sie sofort bemerken, dass Formen, die in der Regel als Fehler angestrichen werden, in diesen Ländern standardsprachlich sind.

Merkwürdigerweise wird die Plurizentrik des Deutschen auf der grammatischen Ebene in den Lernerwörterbüchern wie dem LGWDaF oder Kempke (2000) nicht berücksichtigt. Die Form *ich bin gesessen* hat aber – laut einer Analyse in COSMAS II – 1.513 Treffer in der Schweiz und 3.193 Treffer in Österreich[4]. Das gleiche gilt auch für *ich bin gelegen* (11.283 Treffer in Österreich und 8.601 in der Schweiz laut COSMAS II)[5] und für *ich bin gefroren* (535 Treffer in

---

3   Das ist jedoch auch eine orthografische Variante.
4   Laut einer Untersuchung in COSMAS II gibt es in der Schweiz eine Alternanz zwischen den Formen *ich bin gesessen* und *ich habe gesessen*.
5   Wie auch für das Verb *sitzen* ist in der Schweiz sowohl die Kombination mit dem Hilfsverb *sein* als auch mit *haben* möglich.

Österreich und 532 in der Schweiz)[6]. Deswegen sollte man in einem Lerner-wörterbuch auf sie verweisen.

2.3 Semantik

Die wichtigsten Unterschiede zwischen der deutschen Sprache in Deutschland und in den anderen Vollzentren betreffen meist die lexikalische Ebene. Um herauszufinden, wie viele nationale Varietäten die Lernerwörterbücher enthalten, wurden folgende Ausdrücke nachgeschlagen: *Adresse, Anschrift, Apfelsine, Orange, Aubergine, Melanzani, Bude, Installateur, Klempner, Spengler, kehren, fegen, Kiosk, Trafik, Möhre, Karotte, Rübe, Omnibus, plätten, glätten, bügeln, Sonnabend* und *Samstag.* Daneben wurden auch nachstehende Kulturspezifika berücksichtigt: *Fachwerkhaus, Backsteinbau, Müsli, Brezel, Landeshauptmann, Fraktion, Plätzchen, Lebkuchen, Leberwurst, Abitur, Promotion* und *Radler.*

In Kempke (2000) werden nur *kehren, glätten* und *bügeln* markiert. Sie tragen außerdem nur die Kennzeichnung *reg.* oder *südd.* Zudem tragen Kulturspezifika in diesem Wörterbuch keine Markierung. Daher ist dieses Nachschlagewerk sehr benutzerunfreundlich. Ähnlich wie Kempke (2000) ist auch das LGWDaF (2010), in dem nur drei der Lemmata der ersten 10 oben genannten Wörter oben örtliche Angaben tragen. Dieses Wörterbuch unterscheidet sich dennoch vom DGWDaF (Kempke 2000), weil es neben den Markierungen *bes. südd.* oder *bes. nordd.* auch die Abkürzungen *CH* und *A* aufweist. Darüber hinaus werden drei der obengenannten Kulturspezifika angedeutet. Daher ist das LGWDaF benutzerorientierter als Kempke (2000).

2.4 Pragmatik

Die Plurizentrik des Deutschen auf der pragmatischen Ebene sollte von den Lernerwörterbüchern – besonders wenn sie für Anfänger konzipiert sind – beachtet werden, da sie sonst Schwierigkeiten für diese Zielgruppe verursachen können. Es ist demnach wünschenswert, dass die Grüße *Mahlzeit, Moin, Tschau, Grüß Gott, Auf Wiedersehen* und *Guten Tag* als Lemmata in einem Lernerwörterbuch vorkommen und die regionale/nationale Einschränkung mitteilen.

Wenn man in Kempke (2000) nachschlägt, ist jedoch zu bemerken, dass fast keine der obengenannten Grüße enthalten sind; *Grüß Gott* und *Auf Wiedersehen* (die einzigen, die in diesem Wörterbuch aufgenommen wurden) tragen keine regionalen Markierungen, auch wenn *Grüß Gott* – wie *Mahlzeit* – eher in

---

6   In der Schweiz auch *ich habe gefroren.*

Süddeutschland verwendet werden. Im Gegensatz dazu bestätigt das LGWDaF (2010) die benutzerorientierte These: Fast alle untersuchten Lemmata sind in diesem Wörterbuch enthalten, wenngleich sie in der Regel keine regionalen Einschränkungen aufweisen.

2.5 Orthografie

Obwohl die letzte Rechtschreibreform die Unterschiede zwischen den deutschsprachigen Ländern auf der orthografischen Ebene verringert hat, kann die Orthografie ein Problem für die DaF-Lerner sein. Daher wäre es vorteilhaft, die wichtigsten orthografischen Unterschiede in einem Lernerwörterbuch anzuschließen.

Schaut man im Wörterbuch nach, ist es herauszufinden, dass das LGWDaF (2010) die Lerner nur auf den Unterschied zwischen *benutzen* und *benützen*[7] aufmerksam macht, während Kempke (2000) keine orthografischen Differenzierungen vornimmt.

Um ein Wörterbuch mehr an die Bedürfnisse der Lerner anpassen zu können, sollten die divergenten Orthographien zumindest in der Einleitung des Wörterbuchs angeführt werden.

2.6 Fazit

Learner's Dictionaries spiegeln die Plurizentrik des Deutschen nicht gut wider und helfen den Lernern bei der Erkennung der nationalen Varietäten nur eingeschränkt. Das *Langenscheidt Großwörterbuch Deutsch als Fremdsprache* ist – unter den analysierten Wörterbüchern – das beste Wörterbuch für die Lernenden, da es versucht, die Plurizentrik der deutschen Sprache symmetrisch darzustellen. Darüber hinaus enthält es mehr Lemmata, besonders im Bereich der Pragmatik. Während Ausdrücke wie *Hallo!*, *Guten Tag!*, *Grüß Gott*, *Auf Wiedersehen*, usw. in Kempke (2000) nicht vorkommen oder unter demselben Lemma zu finden sind (*Guten Tag!* und *Auf Wiedersehen!* befinden sich tatsächlich unter *Tag* und *wiedersehen*), werden diese Termini in LGWDaF (2010) als Stichwörter behandelt, und – wenn möglich – wird es ebenfalls eine regionale Einschränkung angegeben. In diesem Wörterbuch ist schließlich auch die Bespiegelung der Plurizentrik des Deutschen auf der orthografischen Ebene angemessen, obwohl die schweizerischen Besonderheiten (z. B. die Verwendung des Graphems *ss* anstelle von *ß*) in der Einleitung erklärt werden sollten.

---

7   *Benutzen* ist nur in Deutschland üblich, während *benützen* sowohl in der Schweiz als auch in Österreich vorkommt.

Auf allen anderen Ebenen werden die nationalen Varianten des Deutschen schlecht dargestellt, und es wäre wünschenswert, dass die Lernerwörterbücher am Beispiel der *Learner's Dictionaries* des Englischen – die nach Heath (2000) die Plurizentrik besser bespiegeln – elaboriert würden.

3. Das ideale (Lerner-)Wörterbuch[8]

Wie im Kapitel E7 bewiesen, wird die Plurizentrik des Deutschen in den Wörterbüchern asymmetrisch dargestellt. Darüber hinaus wurde im vorigen Abschnitt gezeigt, dass Lernerwörterbücher die nationalen Varietäten des Deutschen schlecht widerspiegeln. Deswegen muss geklärt werden, wie das perfekte Lernerwörterbuch aussehen sollte. Zu dieser Frage gibt es mehrere Antwortmöglichkeiten, weil viel vom Medium abhängt: Ist die Rede von einem Printwörterbuch, so werden einige Entscheidungen getroffen, die für ein elektronisches Wörterbuch (z. B. online) nicht geeignet sind und umgekehrt. Deswegen ist es notwendig, zunächst die Probleme bei der Konzeption der Print- und elektronischen Wörterbücher zu diskutieren, um später Vorschläge machen zu können.

3.1 Wörterbuchsforschung und die deutsche Lernerlexikografie: Die Probleme der Handhabung und der Konzeption eines Lernerwörterbuchs

Seit den 1960er Jahren wurden viele Studien (Vgl. Barnhart 1962, Quirk 1973, Wiegand 1984 und 1985, Hartmann 1987, Marello 1989, Wolf 1992, Nesi 2000, Welker 2010 und Tono 2011 u. a.) duchgeführt, um zu untersuchen, wie Laien und Übersetzer ein Wörterbuch benutzen. Besonders wichtig waren dabei die Arbeiten im englischsprachigen Raum, um das *Oxford Dictionary of English* verbessern zu können (Vgl. Welker 2010 passim). Dazu wurden Experimente mithilfe verschiedener Methoden durchgeführt: Einige Forscher haben die Stichproben direkt beobachtet, während andere – besonders in den letzten zehn Jahren – entweder Tests, die im Internet veröffentlicht wurden, oder mündliche bzw. schriftliche Protokolle erstellt haben. Stichproben waren Studenten aus der ganzen Welt sowie Schüler in den letzten Jahren des Gymnasiums, die mündliche oder schriftliche Aufgaben (z. B. die Polysemie der Wörter zu unterscheiden oder die Kollokationen/Kookkurrenzen eines bestimmten Verbs/Substantivs zu finden) lösen sollten. Einige Experten haben außerdem (besonders in den 1960er Jahren) Interviews geführt. Diese Methode wurde aber kritisiert, weil sie

---

8 Der Titel ist ein Verweis auf einen eigenständigen Band über Lernerwörterbücher, der im Jahre 1999 in der Reihe *Lexikographica* veröffentlicht wurde.

nicht zuverlässig ist: Leute, die die Interviewfragen beantwortet haben, hätten leicht lügen und damit die Ergebnisse verfälschen können. Darüber hinaus war die Kontrolle der Untersuchungsergebnisse gering, da die Autoren nicht immer bei den Experimenten und Stichproben anwesend waren. Deswegen wurden Interviews durch Protokolle ersetzt[9].

In der deutschen Lexikografie wurden meist nur Allgemeinwörterbücher für Muttersprachler (Wiegand 1984 und 1985, Hartmann 1987, Wolf 1992 u. a. Vgl. auch Welker 2010 und Schmitt 2009)[10] analysiert. Obwohl in den letzten Jahren auch Online-Wörterbücher untersucht wurden (vgl. Haß 2005, Klein und Geyken 2010 und Storrer 2010), gibt es – im Gegensatz zur englischsprachigen Lexikografie – noch wenig Forschungsliteratur über den Gebrauch der Lernerwörterbücher (vgl. dazu nächster Abschnitt). Grund dafür ist, die deutsche Lexikografie hat erst 1993 nach der Erscheinung des LGWDaFs, das erste und relevanteste Nachschlagewerk für Lernende des Deutschen als Fremdpsrache, Lernerwörterbücher analysiert. Die deutsche Lernerlexikografie ist demnach im Vergleich zur englischen erst in jüngerer Zeit entstanden[11], und die Tatsache, dass schon eine gewisse Anzahl von Aufsätzen über die Probleme der englischen Lernerwörterbücher (vgl. Votteler und Herbst 2009, Laufer 2011 und Tono 2011) zur Verfügung steht, hat empirische Studien über den Gebrauch der deutschen Lernerwörterbücher behindert. Deswegen bieten alle Aufsätze, die bis dato publiziert wurden, nur einen Vergleich zwischen dem LGWDaF und den fünf Lernerwörterbüchern der englischen Sprache[12] oder mit anderen Lernerwörterbüchern des Deutschen, die im Laufe der letzten Jahrzehnte erschienen sind (Vgl. dazu Röthenhöfer 2004, Gouws 2009 und Wiegand 2009). Es wäre trotzdem wichtig, die Verwendung der pädagogischen Wörterbücher des Deutschen zu untersuchen, weil man damit die Verständigung der Benutzerbedürfnisse erleichtert: Durch eine wissenschaftliche Methode wären die Schwierigkeiten der meisten Benutzer bei der Handhabung dokumentiert und daher könnte ein Wörterbuch benutzer- und benutzungsfreundlich gestaltet werden.

---

9   Ebd. Protokolle sind jedoch auch problematisch, weil Probanden von der Anwesenheit eines Beobachters beeinflusst werden könnten und damit die Ergebnisse fälschen.

10   Einige Untersuchungen – darunter Wolf (1992) – wurden in der ehemaligen DDR durchgeführt, auch wenn Studien über die Bevölkerung offiziell verboten waren.

11   Die erste Auflage des OALDs ist 1948 erschienen.

12   OALD= *Oxford Advanced Learner's Dictionary*; COBUILD= *Colins COBUILD Advanced Dictionary*; MEDAL= *Macmillan English Dictionary for Advanced Learners*; LDOCE= *Longman Dictionary of Current English*; CALD= *Cambridge Advanced Learner's Dictionary*.

Alle Beiträge zeigen außerdem, dass die deutschen Lernerwörterbücher eine komplexe Beziehung sowohl mit den englischen *Learner's Dictionaries* als auch mit den einsprachigen Wörterbüchern für Muttersprachler haben. Herbst (1998) berichtet, dass das LGWDaF die englischen Lernerwörterbücher nach- ahmt: Es sei ein Produktions- und Rezeptionswörterbuch für Ausländer mit lernorientierten Informationen (z. B. Satzstrukturen oder viele Anwendungsbei- spiele) auf einer benutzerfreundlichen Weise. Doch es besteht ein Unterschied zu den berühmten fünf Wörterbüchern (OALD, LDOCE, COBUILD, CALD und MEDALS), weil die sogenannten „Valenzen" der Verben (*verb patterns*) nicht systematisch sind, viele Abkürzungen vorkommen und die Markierungen der Stilebene nicht immer transparent sind (Ebd.). Außerdem bemerkt Kühn (1998), dass das LGWDaF eine problematische Beziehung zu den allgemeinen einsprachigen Wörterbüchern hat: Einerseits wird versucht, die fremdkulturelle Perspektive durch nicht zu enzyklopädische, aber sehr präzise Bedeutungser- läuterungen, die Angabe von Synonymen/Antonymen, Kollokationen und Kookkurrenzen, Komposita, Anwendungsbeispiele, Bilder usw. zu berücksichti- gen. Andererseits sollten das LGWDaF und die deutschen Lernerwörterbücher nach Kühn (1998) mit der lexikografischen Tradition brechen, benutzer- und benutzungsorientiert sein und als Nachschlagewerk zur Textrezeption und -produktion dienen. Dieses Ziel ist wurde aber nur beschränkt erreicht. Während Wörterbücher wie das LGWDaF so weit wie möglich versuchen, die Bedürfnisse der Benutzer zu beachten, sind Nachschlagewerke wie das *De Gruyter Wörter- buch Deutsch als Fremdsprache* (Kempke 2000) oder der Duden DaF (2000) nicht benutzerfreundlich (Wellmann 2004). Darüber hinaus berichtet Götz (1999: 221), dass die deutschen Lernerwörterbücher nicht so vollständig wie die englischen sind, da sie weniger Fachtermini enthalten. Paradoxerweise gibt es jedoch in einem deutschen Lernerwörterbuch viel mehr Lexeme als in einem englischen, weil Komposita wie *Weltkrieg* oder *Apfelsaft* und Präpositionalver- ben (z. B. *anschließen, bekommen, empfinden, entscheiden*, usw.) als eigenständige Lemmata behandelt werden (vgl. Götz 1999: 221–228).

Unabhängig vom Erscheinungsdatum der Studien und von der Wörterbuch- gattung, sind dennoch folgende Ergebnisse zu berichten (vgl. Marello 1989 und Welker 2010 u. a.):

1. Der Gebrauch der Wörterbücher wird normalerweise in der Schule nicht gelehrt;
2. die meisten Benutzer sind Laien, die keine lexikografische Kenntnisse haben;
3. nur wenige Lehrer haben an der Universität die Grundlagen der Lexikografie gelernt und empfehlen ihren Schülern ein gutes Wörterbuch;

4. aufgrund der Punkte 1. und 2., und da die Einleitung oft nicht gelesen wird, hat die Mehrzahl der Benutzer Schwierigkeiten bei der Suche nach den Informationen in einem Wörterbuch;
5. wenn in der Schule Wörterbücher vorhanden sind, werden sie jedoch nicht so häufig benutzt, da viele Lehrer bevorzugen, selbst als Wörterbuch zu dienen;
6. das Wörterbuch wird meistens für die Rezeption eines Textes, für die Übersetzung und bei den Prüfungen (wenn gestattet) verwendet. D. h. also, dass dieses Nachschlagewerk hauptsächlich für das Lesen eines Textes gebraucht wird: Die anderen drei Fähigkeiten (Hören, Sprechen und Schreiben) spielen dabei keine Rolle;
7. die meisten Benutzer wollen Stichwörter so schnell wie möglich finden (vgl. Tono 2011)[13].

3.2 Printwörterbücher

Das ideale Lernerwörterbuch in Printform muss meiner Meinung nach folgende Merkmale haben:

1. Es muss ergonomisch sein, d. h. nicht zu klein und nicht zu groß, sonst ist es schwierig, darin nachzuschauen;
2. es darf weder zu dick noch zu dünn sein. Daraus folgt auch, dass das Wörterbuch nicht zu viele oder zu wenige Lemmata enthalten darf: Im ersten Fall wären die Lerner überfördert, da sie zu viele Stichwörter hätten, die sie nie finden und benutzen würden. Im zweiten Fall wäre das Wörterbuch zu begrenzt, und es würde den Lernern nicht helfen;
3. es muss die Voraussetzungen in E4.1 aufweisen (vgl. auch Schafroth 2011a);
4. die Kompilierung des Wörterbuchs darf weder zu lange dauern noch zu teuer sein, sonst würde es unverkauft bleiben. Diese zwei Punkte sind inzwischen miteinander verbunden, da ein Wörterbuchverlag nie Mitarbeiter eines Wörterbuchs bezahlen würde, wenn sie zu langsam arbeiten: Es wäre zu teuer, dies zu unterstützen und andere Verlage könnten Vorteile aus der Verspätung ziehen. Ebenfalls würden mögliche Kunden nie ein Wörterbuch kaufen, das zu teuer ist;

---

13 2011 hat er eine Untersuchung über die Zeit, die die Studenten von Englisch als Fremdsprache (EFL) an der Universität von Tokyo brauchen, um ein Lemma in den Lernerwörterbüchern des Englischen zu finden, mit dem Eye-Tracking (Geräte, die mit einem PC verbunden werden und mithilfe zweier Kameras die Blickbewegungen des linken und des rechten Auges simultan aufzeichnen. Vgl. Tono 2011: 127) durchgeführt.

5. das Wörterbuch muss lesbar sein, d. h. es muss eine überschaubare Struktur haben: Laut den jüngeren Ergebnissen des japanischen Forschers Tono wollen die meisten Benutzer die Definitionen in kürzester Zeit lesen. Wenn das Wörterbuch keine überschaubare Struktur hat, wäre es nicht benutzer- und benutzungsfreundlich und die Benutzer würden die erwünschten Informationen nicht finden;

6. die Arbeit muss so kurz wie möglich sein, sonst wären die Punkte 1 bis 5 negiert.

Daraus folgt, dass ein Lernerwörterbuch viele Bilder und Kästen enthalten sollte, während Abkürzungen – besonders wenn sie von den Herausgebern erschöpft werden – vermieden werden sollten. Aufgrund ihrer Universalität (vgl. dazu F4.1.4) sind Bilder in den meisten Fällen klar verständlich und können verwendet werden, um den Lernern zu erklären, was durch die Sprache unmöglich zu vermitteln ist (vgl. dazu auch Röthenhöfer 2004). Deswegen sind sie auch benutzerorientiert. Im Gegensatz sollten Abkürzungen vermieden werden, weil sie nicht immer klar sind – besonders wenn sie auf technische Bereiche verweisen. Eine Zwischenstufe zwischen den Bildern und den Abkürzungen sind Kästen, die zur Erläuterung der Kulturspezifika oder von grammatischer, semantischer und pragmatischer Besonderheiten, die den Lernern unbekannt sein könnten, gebraucht werden können. Das einzige Problem dabei ist, dass Kästen wie auch Bilder zu viel Platz einnehmen und deswegen auch nur eingeschränkt in einem Wörterbuch vorkommen.

3.3 Elektronische Wörterbücher

Im Gegensatz zu den Printwörterbüchern (vgl. F3.2) haben die elektronischen Wörterbücher weniger Grenzen, da Computer die räumlichen und zeitlichen Probleme der traditionellen Wörterbücher überwunden haben: CD-ROMs und andere Speichermedien sind so flexibel, dass durch kleine Geräte eine große Menge an Daten gespeichert werden kann. Außerdem ist es durch Online-Aktualisierungen möglich, neue Wörter an das bestehende Wörterbuch anzuschließen. Schließlich haben elektronische Wörterbücher den Vorteil, die Produktionskosten zu senken, weil ein Druck nicht mehr notwendig ist.

Der Begriff *elektronisches Wörterbuch* ist trotzdem unklar, weil er verschiedene Speichermedien umfasst. Es gibt:

1. elektronische Wörterbücher im engeren Sinne, wie z. B. die von CASIO;
2. elektronische Wörterbücher auf CD-ROM;
3. die orthografische/grammatische Überprüfung bei Word oder Handys (das sogenannte T9-System);

4. Online-Wörterbücher;

5. die Apps für iPad oder Amazon Kindle.

Das perfekte elektronische Lernerwörterbuch sollte mit den folgenden Kriterien konzipiert werden:

1. Die Applikation muss interaktiv sein, d. h. sie muss Verlinkungen haben, und den Benutzern die Möglichkeit geben, Suchanfragen schnell zu finden und zu bearbeiten.
2. Im Fall eines Wörterbuchs auf CD muss die Anwendung im Internet aktualisierbar sein.
3. Der Text muss gut lesbar sein. Daraus folgt, dass die Wörterbuchartikel z. B. in „Arial 12" formatiert werden und klare Umbrüche besitzen sollten, um den Text überschaubar zu machen und den Sehkomfort der Leser zu verbessern.
4. Es sollte viele Farben enthalten, um die Visualisierung zu erleichtern und die Erinnerung an Stichwörter zu fördern.
5. Die App muss sehr einfach zu benutzen sein, sonst hätten Informatiklaien Probleme bei den Suchanfragen.
6. Die App muss die Charakteristiken in E4.1 aufweisen.

4. Vorschläge für zukünftige Lernerwörterbücher

Anhand meiner Computerkenntnisse, die ich während des Gymnasiums erworben habe, habe ich selbst eine Webseite erstellt und später auf einer CD gespeichert, um konkreter zu zeigen, wie das ideale Lernerwörterbuch die Plurizentrik des Deutschen darstellen sollte. Zuerst werden das LGWDaF (2010) mit anderen *Learners' Dictionaries* des Deutschen, wie Kempke (2000), verglichen. Dabei wird auch analysiert, was in meinem Wörterbuch neu ist. Schließlich werden die enzyklopädische Lernerwörterbücher vorgestellt, und wird gezeigt, wie die nationalen Varietäten des Deutschen in diesen speziellen Nachschlagewerken beschrieben werden sollten.

4.1 *Variantenlernerwörterbuch Deutsch als Fremdsprache*[14]

Das *Variantenlernerwörterbuch Deutsch als Fremdsprache* enthält circa 2000 Lemmata, und ist besonders für die Lerner ab dem Niveau B1 des GERRS,

---

14 Der Name meines Wörterbuchs ist natürlich ein Verweis auf das *Variantenwörterbuch des Deutschen*, Ammon u. a. (2004), weil ich damit eine Ausgabe für DaF-Lerner schaffen möchte. In dem Wörterbuch werden zurzeit nur die ersten 10 Seiten der Wörter, die im Anhang gelistet werden, beschrieben. Bei der Zählung

Gemeinsame Referenzrahme für Sprachen, geeignet. Bedeutungserklärungen stammen aus dem *Langenscheidt Großwörterbuch Deutsch als Fremdsprache* und aus der Online-Version des *Dudens* und wurden wie folgendes weiterbearbeitet:

1. Definitionen wurden vereinfacht, um den Lernern Hilfe beim Lesen, Hören und Schreiben zu bieten;
2. Homonyme und polysemische Wörter wurden nach ihrer Frequenz geordnet (Anzug als ‚Kleidungsstück' kommt z. B. vor Anzug als ‚Bettwäsche');
3. Kästen und Bilder werden eingesetzt, um bestimmte grammatische, semantische und/oder kulturelle Aspekte zu erklären (z. B. Kulturspezifika);
4. Bedeutungserläuterungen enthalten Beispiele aus COSMAS II (vgl. E2.4) und – bei den Verben – die Satzkonstruktion;

Auf der Grundlage der heutigen Wörterbücher sowohl für DaF-Lerner als auch für Muttersprachler (z. B. der Duden oder das Österreichische Wörterbuch), anhand der jüngeren Studien in diesem Bereich und von COSMAS II, werden die Deutschlandismen (vgl. E5.1) neben den Austriazismen (vgl. D4) und den Helvetismen (vgl. C4.1) markiert, sodass die Lerner die Plurizentrizität des Deutschen erkennen und verstehen können. Deswegen wurden die Abkürzungen *D* (Deutschland), *A* (Österreich) und *CH* (Schweiz) aufgenommen. Wenn es möglich war, die Lemmata noch genauer einzuräumen, wurden sie z. B. mit *D-süd* (Süddeutschland) o. Ä. gekennzeichnet.

Die deutsche Sprache ist nicht nur auf der lexikalischen Ebene plurizentrisch, sondern auch auf dem phonetischen, orthographischen und grammatischen Niveau. Daher wurde die Aussprache durch ein Audiofile gegeben. Orthographische und grammatische Merkmale werden im Anhang eingeführt.

4.1.1 Aufteilung des Wörterbuchs

Das Wörterbuch kann in zwei Teile gegliedert werden: die Makro- und Mikrostruktur. Zur Makrostruktur gehören die Benutzungshinweise, Anhänge (mit Tafeln und Abkürzungsverzeichnis) und die alphabetische Reihenfolge, während zur Mikrostruktur stilistische Markierungen, grammatische Angaben, Kollokationen/Kookkurrenzen, Satzstrukturen, Bilder und Kästen zählen.

Da die diatopischen Markierungen Teil der Mikrostruktur sind, wird hier besonders dieser Aspekt berücksichtigt und dahingegen die Makrostruktur nur eingeführt.

---

der Lemmata muss man aber auch die Wörter, die in den Definitionen verwendet werden, einschließen, auch wenn sie nicht erläutert werden. Deswegen habe ich erklärt, ungefähr 2000 Wörter benutzt zu haben.

4.1.2 Makrostruktur[15]

In E4.2 wurde erwähnt, dass das LGWDaF eine Nischenstruktur hat und die Einträge etymologisch angeordnet werden. Als Konsequenz sieht ein Artikel im LGWDaF so aus:

Abbildung 1: Artikelstruktur des LGWDaFs.

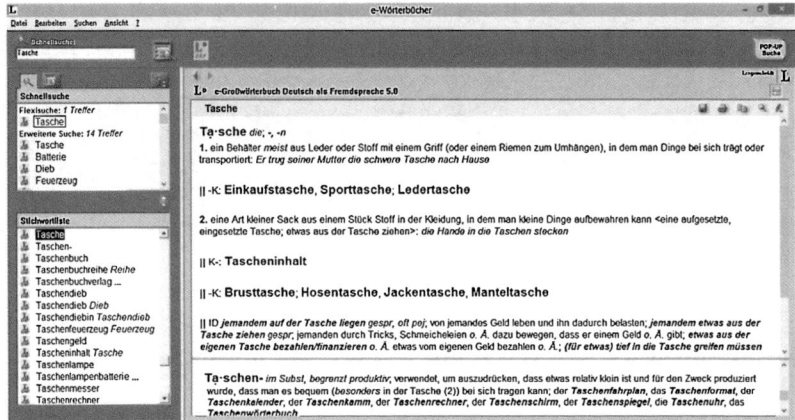

Im Falle der polysemischen Wörter ist die Struktur des LGWDaFs so:

Abbildung 2: Die polysemischen Wörtern im LGWDaF am Beispiel des Lemmas Bank.

---

15 Zur Vertiefung, vgl. Wiegand (2009) und Gouws (2009).

Diese Struktur wird trotzdem von Wiegand (2009) kritisiert, weil er meint, dass

auf der Menge aller Lemmata, die ausschließlich entweder kontinuierliche oder diskontinuierliche Volllemmata sind, nicht nur eine Relation vom Typ der striktinitialalphabetischen Relation, sondern auch eine vom Typ der textarchitektonischen oberhalb-Relation definiert ist. Das hat für die Präsentation der Lemmata im zweidimensionalen Druckraum zur Folge, dass alle Lemmata am Zeilenanfang und übereinander stehen, so dass eine durchgehend (von A–Z) vertikale Lemmastrecke gegeben ist und weiterhin, dass viele Wörterbuchartikel gerade einen Textblock bilden mit deutlichen Texblockanfangs- und Textblockendsignalen; dies ist für die Textgestaltwahrnehmung optimal und unterstützt eine rasche und sichere Ausführung der externen Zugriffshandlungen (vgl. Wiegand 1999), was mittels Lemmazugriffstests (*sensu* Wiegand 1998: 794ff) gezeigt werden kann. Daher gelten die glattalphabetischen als die benutzerfreundlichsten Hauptzugriffsstrukturen. (Wiegand 2009: 170).

Am Ende eines Vergleichs von zwölf Wörterbüchern – CALD ([3]2008), COBUILD (2009), DGWbDaF (2000), Duden DaF (2002), LDOCE ([5]2009), LGWbDaF ([6]2008), MEDAL ([2]2007), MWDALED (2008), OALD ([6]2002), OALD ([7]2005), PONS GWbDaF (2006) und Wahrig DaF (2008) – schlägt Wiegand (2009) vor, die Lemmata in einem Lernerwörterbuch glattalphabetisch anzuordnen, weil es einfacher für die Fremdsprachenlerner ist. Meines Erachtens stellt es sich aber nicht so dar, da der Wortschatz in Bezug auf das semantische Feld und den Kontext erlernt wird: Wenn

[…] dem Lerner ein neues Wort zum ersten Mal [begegnet], so wird als erstes dieses Symbol sofort als neu erkannt. Auch der zweite Prozeßschritt geschieht sofort, ohne Zeitverzug: die Zuordnung zu einem semantischen Feld, wie es sich aus dem Kontext angeboten hat. Der (eventuell akustisch/phonologisch noch nicht hinreichend präzisierte) Lautkörper, um sich hier auf das gehörte Wort zu beschränken, und der im allgemeinen durchaus noch vage Begriff werden so zunächst Teil des passiven Wortschatzes. Jetzt setzt die relativ langwierige Phase ein, die des Sammelns und Analysierens von Spracherfahrung, die relevant ist für dieses Wort. Es ist dies die Phase des präzisen Dekodierens der neuen Chiffre, des neuen Symbols, der Ausdifferenzierung des neuen Wortes auf allen Ebenen und in die verschiedenen Richtungen des Sprachnetzes. Es geht um eine Art ‚Gestaltwahrnehmung' im verbalen, kognitiven Bereich. Es gilt abzutasten, was genau mit dem Begriff belegt wird (was ist an seiner Verwendung das ‚Typische'?), in welchen Kontexten er auftritt, in welchen Kollokationen, in welchen syntaktischen Kombinationen, mit welchen morphologischen Veränderungen, in welchen pragmatischen Zusammenhängen usw. Erst wenn (unbewusst) ein gewisses Maß an Sicherheit erreicht ist: (neurophysiologisch gewendet: wenn entsprechende Neuronen-Ensembles stabilisiert sind), wird der Lerner wagen, das Wort aktiv zu gebrauchen. (Bleyhl 1995: 26).

Konsequenterweise ist die nestalphabetische Anordnung in einem Printwörterbuch zu favorisieren, weil sie den Lernern am besten die semantischen Bezüge

111

unter den Lemmata zeigt. Im Fall eines elektronischen Wörterbuchs können Stichwörter auch glattalphabetisch angeordnet werden, da diese Nachschlagewerke keine räumlichen Probleme haben, und weil das glattalphabetische System für maschinelle Suchanfragen besser geeignet ist. Schließlich sollten Lemmata nicht etymologisch, sondern nach ihrer Frequenz gelistet werden, da man sich an häufig vorkommende Wörter leichter und schneller erinnert (Ebd.: 24ff.). In Abb. 2 sollte demnach Bank im Sinne des Unternehmens als Bank[1], Bank als „die Kasse (einer Spielbank), die während eines Glücksspiels (z. B. Roulette) von einem Angestellten verwaltet wird, der gegen alle anderen spielt" (LGWDaF 2010) als Bank[2] und Bank als „länglicher Sitz (meist aus Holz), auf dem mehrere Personen sitzen können" (Ebd.) als Bank[3] vorkommen. Daraus folgt, dass der ideale Wörterbuchsartikel so aussieht:

Abbildung 3: Artikelstruktur des Variantenlernerwörterbuchs Deutsch als Fremdsprache.

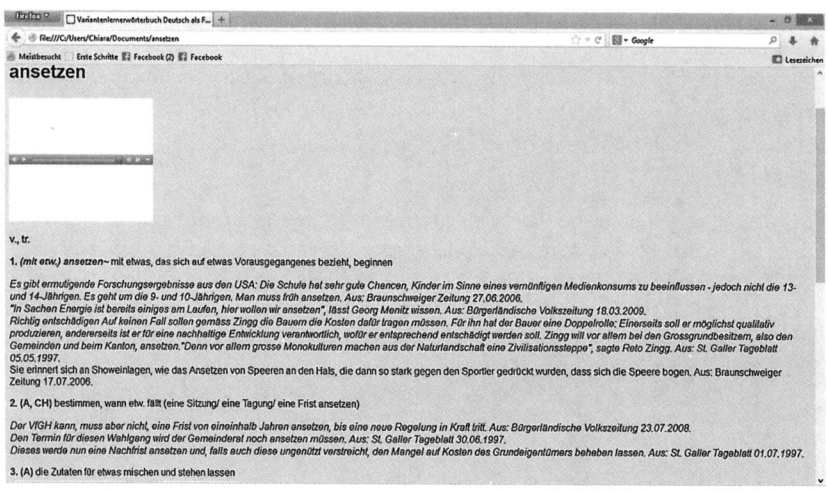

Wichtig ist es auch, dass die Erläuterungen im Wörterbuch Belege aus digitalen Korpora wie COSMAS II enthalten sollten, weil man damit den Lernern zeigen kann, wie man richtig schreibt oder spricht. Außerdem sollten polysemische Wörter – wie im Fall von *Bank* oder von *Anzug* – nicht wie im DGWDaF (Kempke 2000) unter demselben Artikel aufgelistet, sondern als drei unterschiedliche Lexeme mit einer hochgestellten Nummer (Abb. 4) behandelt werden, da es die Wörterbuchstruktur mehr benutzungsfreundlicher und -orientierter macht.

Abbildung 4: Polysemische Wörter im Variantenlernerwörterbuch Deutsch als Fremdsprache.

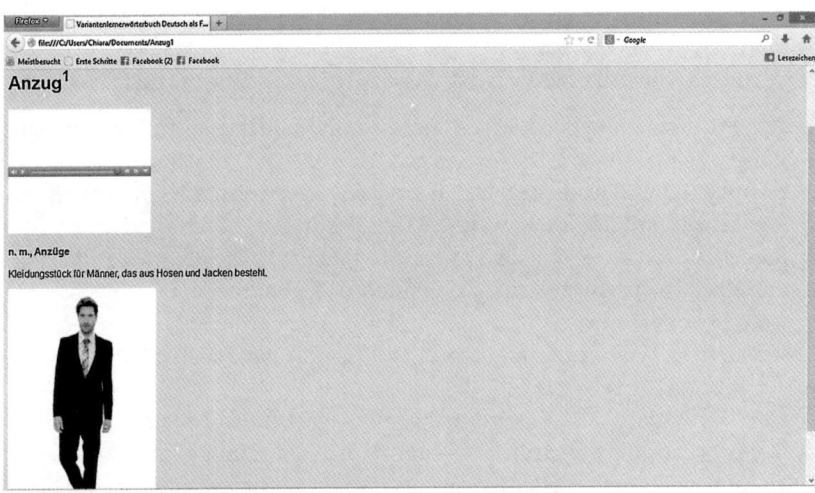

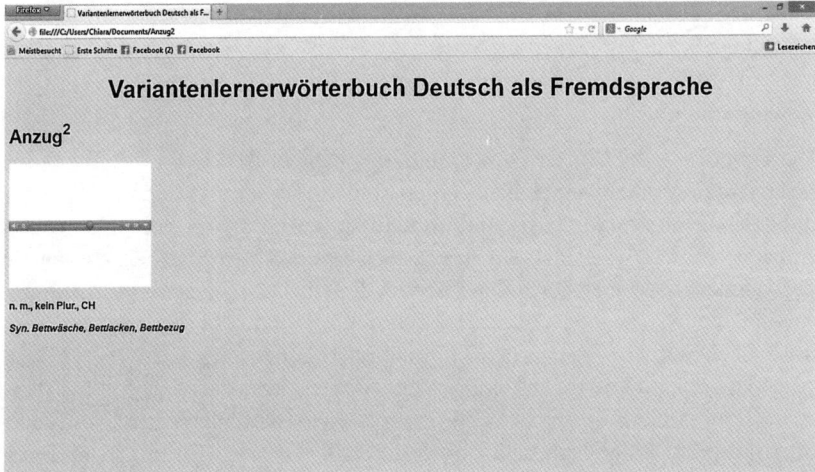

4.1.3 Mikrostruktur

Neben der Makrostruktur hat das Wörterbuch auch eine Mikrostruktur, die aus dem Aufbau der einzelnen Wörterbuchartikel, Abbildungen, Abkürzungen und Kästen besteht.

Aufbau der Wörterbuchsartikeln

Da dieser Aspekt wie bei der Makrostruktur nur indirekt mit dem Thema der vorliegenden Arbeit zu tun hat[16], wird hier kurz vorgestellt, welche Angaben ein Wörterbuchartikel aufweist.

Ein Artikel eines Lernerwörterbuchs der deutschen Sprache besteht aus:

1. dem Stichwort mit phonetischen Angaben und Informationen zur Worttrennung;
2. grammatischen Angaben, d. h. d. h. im Falle eines Substantivs dem bestimmten Artikel und den Endungen des Genitivs und des Plurals oder den Formen des Präteritums und des Partizips II mit dem Hilfsverb. Ist das Stichwort ein Adjektiv, ein Adverb, eine Konjunktion oder eine andere Gesprächsform, werden nur die Abkürzungen „adj.", „adv.", „konj.", usw. angegeben;
3. stilistischen Markierungen („fam.", „ugs.", „reg.", „landsch.", usw.);
4. der Satzstruktur;
5. einer Definition, d. h. es wird erklärt, was ein Lemma bedeutet (Wenn ein Stichwort mehrere Bedeutungen hat, werden sie nummeriert. Im Fall von Homonymen und polysemischen Ausdrücken werden sie mit einer hochgestellten Nummer unterschieden. Vgl. F4.1.3);
6. Anwendungsbeispielen;
7. Kollokationen und Kookkurrenzen;
8. Komposita;
9. Redewendungen.

Die Etymologie der Wörter muss anders als in einem Allgemeinwörterbuch für Muttersprachler nicht angegeben werden, weil die Lerner primär an der Anwendung des Lemmas interessiert sind. Außerdem nimmt die Etymologie in einem Printwörterbuch zu viel Platz ein. In einem elektronischen Wörterbuch könnte sie vorkommen, wird aber normalerweise von diesen Nachschlagewerken nicht berücksichtigt, weil zu wenige Benutzer daran interessiert sind (vgl. Welker 2010). Schließlich können – neben den Informationen in den Punkten 1 bis 9 – auch Abbildungen und Kästen vorkommen. Dies ist besonders wichtig wenn das Wörterbuch für Anfänger gedacht ist, weil es mit einem sehr begrenzten Wortschatz unmöglich ist, einige Lemmata zu definieren. Deswegen wird in den nächsten Abschnitten erklärt, warum die Bebilderung eines Lernerwörterbuchs so wichtig ist, und wie Bilder in diesen Nachschlagewerken eingesetzt werden können.

---

16 Einerseits umfasst der Aufbau eines Wörterbuchartikels viele Informationen, die die Plurizentrik des Deutschen nicht betreffen, aber andererseits sind diatopische Markierungen – besonders wenn sie durch Abkürzungen gekennzeichnet werden – Teil des Aufbaus eines Wörterbuchartikels.

Abbildungen

Bilder: Definition und Eigenschaften

In den letzten zwanzig Jahren haben die Verbreitung der PCs, der digitalen Fotografie und des Internets die Verwendung von Bildern – d. h. „die nichtsprachlichen Formen der visuellen Kommunikation" (Ballstaedt 2005/2006: 3) – vermehrt und die Verständigung unter Menschen aus aller Welt erleichtert. Sprache und Bilder sind inzwischen eng miteinander verbunden und beweisen eine gewisse Kulturabhängigkeit: Nöth (2004: 13) berichtet, dass Bilder aufgrund ihrer Ikonizität „im Gegensatz zur kulturspezifischen Unterschiedlichkeit der Wörter in den vielen verschiedenen Sprachen der Welt" stehen. Das bedeutet also, dass „das Erkennen der auf Bildern abgebildeten Gegenstände, Orte oder Personen, sofern es keine unbekannte Gegenstände sind, universell möglich ist" (Ebd.). Pressefotos, Werbung und Fernsehbilder brauchen also keinen Übersetzer, weil sie universell und mit der Sprache eng verbunden sind:

> Bilder, die ohne eine sprachliche Erläuterung gezeigt werden, erwecken doch oft den Anschein, irgendwie unvollständig zu sein. Kein Museum und kein Bildband verzichtet darauf, die ausgestellten oder abgebildeten Gemälde durch Titel, Legenden oder Signaturen mit einem sprachlichen Kontext zu versehen, und Familien- oder Urlaubsfotos sind ohne Beschriftung durch Namen und Daten nur für die Familie vollständig aussagekräftig, die Namen der abgebildeten Personen oder Orte sowie Zeitpunkte ihrer Entstehung aus ihrer Erinnerung ergänzen können (Ebd.: 10).

Trotzdem weisen sich diese Medien gegenüber eine gewisse Autonomie auf, weil „Sprache […] eher ohne Bilder aus[kommt] als Bilder ohne Sprache auskommen kann" (Ebd.: 9). Nöth (2004) verweist auf die Theorien von Peirce und betrachtet Bilder als eine Sprache, die eine eigene Syntax und Pragmatik hat. Außerdem weisen Bilder nach Nöth (2004) folgende Merkmale auf:

1. *Universalität*, d. h. sie können sofort von allen verstanden werden, solange sie bekannte Gegebenheiten darstellen. Darüber hinaus sind Bilder universal, weil sie das Ergebnis unserer Fähigkeit, Erfahrungen zu überarbeiten, sind. Laut Ethienne Klemm, eine Psychologin der Universität Zürich, sind Bilder ein Weg, um sich besser an eine bestimmte Erfahrung zu erinnern. Damit „[können] wir […] konkret nur dank dem bildhaften Denken und den Vorstellungen denken", weil wir „[…] unsere Vorstellungen und Bilder nur dank dem begrifflichen Denken beschreiben und reflektieren [können]"[17]. Deswegen werden beim Lesen oder Hören Bilder evoziert. Schließlich sind Bilder universal, da die Fähigkeit, sich Vorstellungen zu machen, angeboren ist:

---

17 http://www.br-online.de/jugend/izi/text/klemm15_1.htm (Zugriff am 04.03.2013).

Die ersten inneren Bilder sind Abbilder normaler, alltäglicher Interaktionserfahrungen. Sie haben sich – noch vor dem Spracherwerb – ins Leibgedächtnis eingraviert und sind dort gespeichert, weshalb sie so nachhaltig wirken, auch wenn wir uns dessen kaum mehr bewusst sind. Diese inneren Bilder entwickeln sich weiter mit allen neu hinzukommenden Fähigkeiten und differenzieren sich aus, sodass immer mehr ein komplexes, aufgefächertes System von inneren Bildern anwächst und den Erwachsenen im Allgemeinen auszeichnet.

2. *Komplementarität*: Bilder brauchen normalerweise Erklärungen durch die verbale Sprache, sonst wären sie unvollständig;
3. das *metasemiotische Potenzial*, d. h. die Fähigkeit, die die Selbstreferenz erlaubt: Wie es bei einer Sprache möglich ist zu sagen, dass z. B. das Wort „Rose" aus vier Buchstaben besteht, ist es auch denkbar, ein Bild in viele Pixel zu gliedern. Das gilt aber nur für digitale Bilder, da die analogen versuchen, ein Kontinuum mit der Realität zu schaffen;
4. *externe Indexikalität*, d. h. ein „Zeigen, das vom Bild in die abgebildete visuelle Welt und in das Umfeld des Bildes bei seiner Entstehung führt" (Nöth 2004: 17).
5. *appellative Kraft*: Bilder stärken die Aufmerksamkeit des Betrachters, weil sie „[…] schneller und stärker [fesseln und lenken]" (Ebd.: 18).

Daraus folgt, dass Bilder aufgrund der obengenannten Eigenschaften besonders klar und benutzerorientiert sind. Deswegen sind sie auch in den Lernmitteln und in Nachschlagewerken wie Wörterbücher enthalten.

Typen von Bildern in den Wörterbüchern
In einem Wörterbuch gibt es mehrere Arten von Illustrationen. Hupka (1989: 196ff.) unterscheidet neun Typen:

1. *unikale Illustration*, d. h. die „Darstellung eines einzelnen Objekts" (Ebd.);
2. *aufzählende Illustration*, die „[…] Abbildungen verschiedener Typen des mit dem Lemma bezeichneten Objekts [bringen]" (Ebd.), wie z. B. die Tafel mit den Kleidungsstücken, den Lebensmitteln, usw.;
3. *sequenzielle Illustration*, um einen Prozess (z. B. das Laufwerk einer Maschine) zu erklären;
4. *strukturelle Illustration*, die den Zusammenhang des interessierten Objekts mit den angrenzenden Teilen erklärt;
5. *funktionale Illustration* für technische Geräte;
6. *nomenklatorische Illustration* für die Begriffe bestimmter Bereiche. Das kommt am häufigsten in den Bildwörterbüchern wie das *Duden-Bildwörterbuch* vor.
7. *Szenische Illustration*, die einen „Ausschnitt des alltäglichen Lebens wiederg[ibt]" (Ebd.);

8. *Funktionsschemata* wie Flussdiagramme, chemische Formeln oder Musiknoten;
9. *enzyklopädische Illustration*, die nur einen Aspekt des Lemma zeigt. Hupka (1989: 202) berichtet dennoch, dass „[…] die Qualifizierung als enzyklopädisch [sich] nicht wie die vorausgehenden Acht (sic!) auf die Charakteristika des Bildes, sondern auf das hier notwendigerweise weniger enge Verhältnis zwischen Lemma und Illustration [bezieht]".

Bilder sind demnach ikonische Zeichen, die in Verbindung mit sprachlichen Zeichen gesetzt werden und als Sprache betrachtet werden können. Trotzdem haben Bilder auch in den Wörterbüchern eine komplementäre Funktion zur Verbalsprache und infolge ihrer Kulturabhängigkeit können sie auch missverstanden werden.

Funktion der Bilder
Aufgrund ihrer Eigenschaften, insbesondere ihrer Universalität, Komplementarität und Indexikalität, haben Bilder sowohl eine repräsentative als auch eine didaktische Funktion. Sie stellen bestimmte Gegebenheiten dar, und können verwendet werden, um einem Laien eine Fachsprache oder ein spezifisches Thema zu erklären (vgl. auch Ballstaedt 2005/2006 und Klemm und Stoeckl 2011). Illustrationen können jedoch auch lügen, weil sie künstlich erstellt und gefälscht werden können.

Für die vorliegende Arbeit ist die didaktische Funktion des Bildes besonders interessant, weil Lernerwörterbücher auch ein Unterrichtsmittel sind, deren Bebilderung verschiedenen Zwecken dienen kann. Bilder können:

1. Bedeutungen erläutern, wie z. B. bei den Fachtermini, die allgemein bekannt sind;
2. die Lerner auf die Polysemie der Wörter aufmerksam machen;
3. semantische Unterschiede erklären (z. B. bei Synonymen);
4. den Bezug zwischen dem gewünschten Lemma und anderen Gegenständen, die mit ihm korreliert sein können (z. B. Hyperonyme und Hyponyme oder Sachfelder), verdeutlichen;
5. stilistische Ebenen unterscheiden.

Farben spielen hierbei auch eine wichtige Rolle, weil sie die Aufmerksamkeit der Lerner erhöhen und sich die Lerner damit besser an die neuen Wörter erinnern. Die meisten Wörterbücher werden jedoch nur schwarz-weiß bebildert, weil farbige Illustrationen die Produktionskosten enorm ansteigen lassen. Aus diesem Grund sind Abbildungen mit Farben sehr klein oder kommen – wie in dem Fall der Wörterbücher des Deutschen – gar nicht vor.

Die Plurizentrik des Deutschen durch Bilder

Nationale Varietäten des Deutschen werden im PBWDaF (1999) und in Pons.eu (2001–2013) durch zwei unterschiedliche Methoden dargestellt: Das PBWDaF (1999) benutzt Landkarten und Pons.eu (2001–2013) Fahnen. In diesem Abschnitt werden die Abbildungen in diesen Nachschlagewerken vorgestellt, um damit ihre Vor- und Nachteile als Methode zur Darstellung der Plurizentrik einer Sprache zu diskutieren.

PBWDaF (1999)

Im Vergleich zum LGWDaF (vgl. dazu 3.2.2.5.) enthält das PBWDaF viel mehr Bilder, weil dieses Basiswörterbuch durch „einfache […], kindlich anmutende […] Strichzeichnungen" (Röthenhöfer 2004: 164) zu vermitteln versucht, „was […] aufgrund des nicht so umfangreichen Definitionsvokabular verbal nicht vermittelt werden kann" (Ebd.).

Die meisten Bilder haben hier meist eine unikalische Funktion und „dienen […] wesentlich viel häufiger als in den beiden ausführlicher behandelten Wörterbüchern [das LGWDaF und das DGWDaF, CS] der Darstellung von Eigenschaften, Prozessen, Beziehungen oder der Diskriminierung von Homonymen" (Ebd.). Dennoch – wie im Fall des LGWDaFs – sind sie in den meisten Fällen sehr winzig und immer schwarz-weiß. In diesem Wörterbuch wird die Plurizentrik (siehe dazu Abbildungen 5 und 6) folgendermaßen dargestellt: Obwohl diese Karte viele humorvolle Details aufweist und eine gute Idee ist, um den Anfängern die Plurizentrik des Deutschen zu erklären, ist sie dennoch problematisch, weil sie nicht sehr präzise ist. Es ist nicht klar, ob die Karte die regionale oder die nationale Verbreitung der Grüße darstellt, da die Lerner annehmen könnten, dass *Tschüss, Auf Wiedersehen* und *Tschau* nur in Deutschland verwendet werden und dass sie regional sind, wobei sie im Gegensatz dazu gesamtdeutsch (vgl. dazu E5.3.3) sind. Das gleiche gilt auch für die Landkarte mit dem Titel „Guten Tag!" am Anfang dieses Wörterbuchs, obwohl sie schon etwas besser als die Illustration auf der Rückseite bebildert ist.

Pons.eu (2001–2013)

Die Plurizentrik des Deutschen wird in diesem Online-Wörterbuch durch Fahnen dargestellt. Diese Methode wird sowohl in den zweisprachigen Versionen (z. B. Italienisch – Deutsch/Deutsch – Italienisch) als auch bei der Funktion *Deutsch als Fremdsprache* verwendet. Es gibt also für die österreichischen Varianten und für die schweizerischen. Die Sprachvarianten aus Deutschland werden jedoch nicht berücksichtigt.

Die Plurizentrik des Deutschen durch Bilder: Vorschläge für zukünftige Wörterbücher

Meiner Meinung nach könnte die Plurizentrik der deutschen Sprache durch Bilder so dargestellt werden:

Abbildung 5: Variantenlernerwörterbuch Deutsch als Fremdsprache. Beispiel für unikalische Bilder am Beispiel von Fahrausweis.

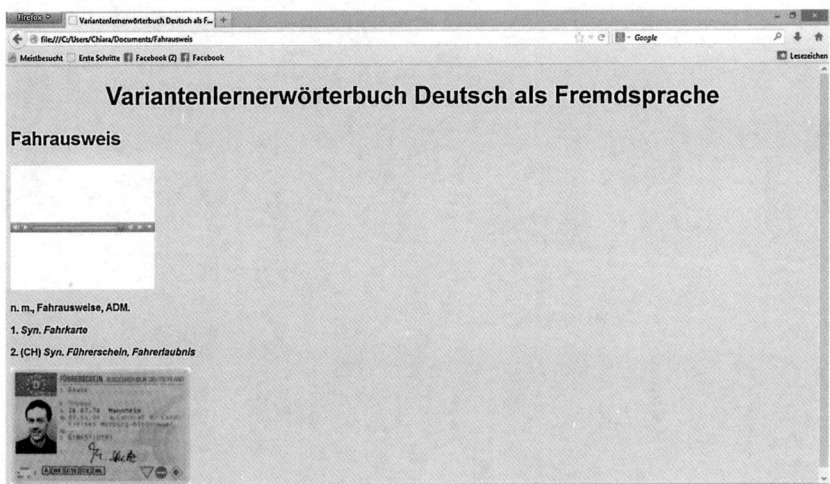

Abbildung 6: Die Plurizentrik des Deutschen durch Bilder: Beispiel für aufzählende Bilder. Kulturspezifika könnten schließlich so dargestellt werden.

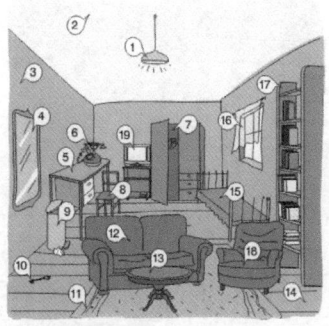

6. A + CH= s Telefon, -e/D= r Fernsprecher, -
7. A + CH + südd.= r Kasten, -/D + CH= r Schrank, Schränke;
8. A + CH= r Sessel, -/D= r Stuhl, Stühle
9. A= r Mistkübel, -; r Müllkübel, -/CH= r Abfall(eimer), -/D= r Mülleimer, -/A + CH + mittelostd. = r Kehrichteimer, -
10. r Schlüssel, -
11. r Teppich, -e
12. A + CH= r Diwan, -s/D= r Diwan, -e; e Couch, -s/A= s Sofa, -s/CH= r Couch, -s
13. r Tisch, -e
14. r Boden, -
16. e Gardine, -n
17. s (Bücher)regal, -e
18. A + CH + D= r Sessel, -
19. r Fernseher, -

1. e Lampe, -n
2. e Zimmerdecke, -n
3. e Wand, Wände
4. r Spiegel, -
5. r Tisch, -e

Abbildung 7: Die Plurizentrik des Deutschen durch Bilder: Beispiel für enzyklopädische Illustrationen.

D= s Fachwerkhaus, Fachwerkhäuser

Kästen

Ein Merkmal des Lernerwörterbuchs ist die Verwendung von Kästen, um grammatische oder semantische Besonderheiten einer Sprache zu erklären. Die Sprache muss so einfach wie möglich sein, damit eine größere Anzahl von Lernern erreicht wird. *De facto* ist dieses Erklärungsmittel eher an die Lerner ab dem Niveau B1 orientiert, weil es ohne die ungefähr 2000 benötigten Wörter, die das Überleben in einem fremden Land sicherstellen, sehr schwer ist, die Erläuterungen in den Kästen zu verstehen.

Wörterbücher, in denen Kästen am häufigsten verwendet werden, sind die für die englische Sprache, wie z. B. das *Oxford Advanced Learner's Dictionary*, das Kästen für grammatische oder semantische Unterscheidungen benutzt.

Abbildung 8: Kasten im Oxford Advanced Learner's Dictionary Online.[18]

⊕Usage note: demand

require expect insist ask

- These words all mean to say that somebody should do or have something.
- **demand** to ask for something very firmly; to say very firmly that somebody should have or do something: *She demanded an immediate explanation.*
- **require** [often passive] (*rather formal*) to make somebody do or have something, especially because it is necessary according to a law or set of rules or standards: *All candidates will be required to take a short test.*
- **expect** to demand that somebody should do, have or be something, especially because it is their duty or responsibility: *I expect to be paid promptly for the work.*
- **insist** to demand that something happens or that somebody agrees to do something: *I didn't want to go but he insisted.* ◇ We **insist on** the highest standards at all times.
- **ask** to expect or demand something: *You're asking too much of him.*

demand, expect or ask?

- **Ask** is not as strong as **demand** or **expect**, both of which can be more like a command.
- to demand/require/expect/ask something **of/from** somebody
- to demand/require/expect/insist/ask **that...**
- to require/expect/ask somebody **to do something**
- to demand/require/expect/ask **a lot/too much/a great deal**
- to **be too much to** expect/ask

Diese Methode wird auch in der deutschsprachigen Lernerlexikografie verwendet. Da Wörterbücher wie das LGWDaF (2010) sich am Beispiel der englischen Lernerwörterbücher orientieren (vgl. dazu Herbst 1998 und 3.2.2.5.) werden Kästen nur auf die grammatischen und semantischen Erklärungen beschränkt. Grammatische Varianten der deutschsprachigen Länder werden nicht beachtet. Kästen können aber auch bestimmte Schwierigkeiten für Lerner durch eine überschaubare Struktur verdeutlichen. Daher könnten sie auch für Kulturspezifika benutzt werden und im Fall der Plurizentrik des Deutschen folgende Informationen enthalten:

1. den unterschiedlichen Gebrauch der Hilfsverben bei *sitzen, setzen, legen, liegen, stehen stellen, usw.*;
2. Erklärungen zu Kulturspezifika;
3. die Variation des Artikels oder der Fugenelemente;
4. semantische Unterschiede (z. B. der Estrich).

---

18   http://oald8.oxfordlearnersdictionaries.com/dictionary/ask (Zugriff am 29.03.2013).

Unter Berücksichtigung der soeben genannten Punkte könnten Kästen in den Lernerwörterbüchern so aussehen:

Abbildung 9: Die Plurizentrik des Deutschen durch Kästen: Grammatische Unterschiede in den deutschsprachigen Ländern am Beispiel der Verwendung der Hilfsverben sein *und* haben.[19]

---

sein/haben

Das Hilfsverb *sein* wird in den folgenden Fällen verwendet:

1. mit den *intransitiven Verben* im *Perfekt, Plusquamperfekt und Futur II* (z. B. Ich *bin* nach Hause *gegangen*/gefahren oder Am 10. Juli *werde* ich nach Turin *zurückgekommen sein*);
2. im *Konjunktiv I und II der intransitiven Verben* (z. B. Mark hat mir gesagt, er *sei* am 10. April nach Hause *zurückgekommen* oder Ich *wäre* nach Hause *gefahren*.);
3. mit dem *Zustandspassiv* (z. B. Barolo *ist* in Piemont *gemacht*).

In Österreich, in der *Schweiz* und in *Süddeutschland* wird auch mit den Verben *stehen, sitzen, liegen, laufen, schwimmen, springen, schweben, hocken* und *frieren* verbunden:
D= Die Katze *hat* auf dem Hocker *gesessen*. / Ich *habe* 1 Km *gelaufen*. / Es war so kalt, dass ich fast *gefroren habe*.
CH + A= Die Katze *ist* auf dem Hocker *gesessen*. / Ich *bin* 1 Km *gelaufen*. / Es war so kalt, dass ich fast *gefroren bin*.

Das Hilfsverb *haben* kommt vor:

1. im *Perfekt, Plusquamperfekt und Futur II* der *transitiven Verben* (Ich *habe* den Professor *gefragt*, ob ich die Prüfung nachholen konnte. / Ich *hatte* den Professor *gefragt*, ob ich die Prüfung nachholen konnte, aber er hat mir nicht geantwortet. / Sie *wird* bestimmt den Professor *gefragt haben*, ob sie die Prüfung nachholen können wird, wenn sie sie nicht bestehen wird.);
2. im *Konjunktiv I und II der transitiven Verben* (z. B. Ich *hätte* Mark *gefragt*, ob er mir *hätte helfen können*, aber er war so wütend, dass er mich nicht *gehört hat*. / Martha *hat* mir *erzählt*, sie habe Mark *gefragt*, ob er ihr *hätte helfen können*.);
3. mit den Verben *sitzen/setzen, liegen/legen, stehen/stellen, laufen, springen, schwimmen, frieren, schweben* (s. oben);
4. mit dem *Perfekt und Plusquamperfekt der Modalverben* (z. B. Ich war in Piazza San Pietro in Rom, aber es war so voll, dass ich nichts *habe/hatte sehen können*).

ACHTUNG: Das Verb *fahren* kann sowohl mit dem Hilfsverb *sein* als auch mit **haben** vorkommen. Dabei ist aber die Bedeutung unterschiedlich: *Ich* **bin** *nach Hause* **gefahren** bedeutet, dass man *mit einem Verkehrsmittel nach Hause gefahren* ist. Im Gegensatz dazu bedeutet: *Ich* **habe** *nach Hause* **gefahren**, dass *jemand selbst das Auto oder andere Verkehrsmittel gefahren hat*.

---

19   http://oald8.oxfordlearnersdictionaries.com/dictionary/ask (Zugriff am 29.03.2013).

Abbildung 10: Die Plurizentrik des Deutschen durch Kästen: Beispiel zur Darstellung der Kulturspezifika durch Kästen.

Häusertypen in Deutschland

Typische Häuser in Deutschland sind:

1. das *Fachwerkhaus* mit vielen Holzbalken, die von außen sichtbar sind;
2. der *Backsteinbau* mit rechteckigen, roten Steinen;

Fachwerk- und Reihenhäuser sind in ganz Deutschland üblich, während *Backsteinbauten* besonders für Norddeutschland typisch sind.

s Fachwerkhaus, Fachwerkhäuser

r Backsteinbau, -en

Ein weiterer Haustyp, der in allen deutschsprachigen Ländern üblich ist, ist das Reihenhaus.

s Reihenhaus, Reihenhäuser

Abbildung 11: Die Darstellung der Plurizentrik des Deutschen durch Kästen: Erklärung der semantischen Unterschiede durch Kästen am Beispiel von Diwan, Sofa und Couch.

r Diwan, s Sofa, r/e Couch
In **Deutschland** ist die Form des Plurals von *Diwan* (ein Synonym für *Sofa* und *Couch*) mit dem Suffix *-e* zu bilden, während es in **Österreich und in der Schweiz** eher mit dem Suffix *-s* vorkommt. In Österreich wird aber neben dem Wort *Diwan* auch *Sofa* verwendet. *In der* **Schweiz** heißt der *Diwan Couch*, und kann *sowohl feminin als auch maskulin* sein.

Abbildung 12: Variantenlernerwörterbuch Deutsch als Fremdsprache: Beispiel für Kästen für die Erklärung von pragmatischen Gewohnheiten.

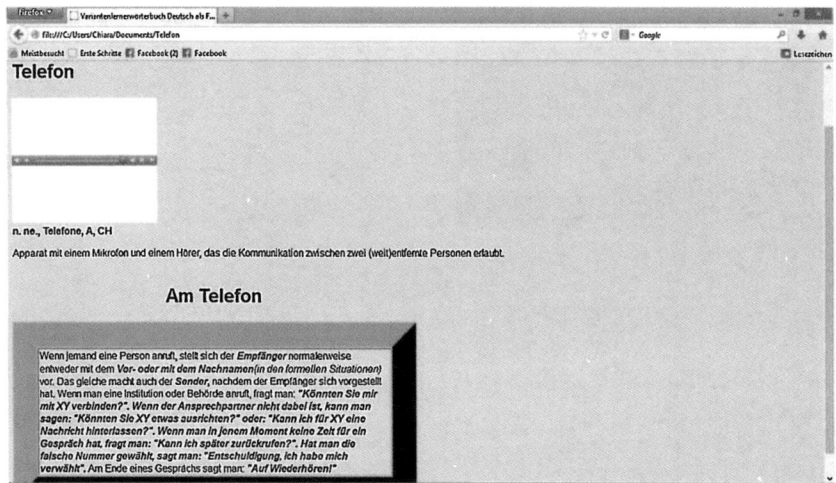

Abkürzungen

Obwohl Abkürzungen wegen ihrer möglichen Unklarheit vermieden werden sollten, können sie oftmals auch benutzerorientiert sein. Ein gutes Beispiel dafür sind die Abkürzungen im LGWDaF, da dieses Wörterbuch die internationalen Autokennzeichnungen A, CH und D für landeskundliche Besonderheiten, die den Lernern nicht bekannt sein könnten, verwendet. Im Gegensatz dazu werden regionale Ausdrücke mit den Markierungen „nordd.", „südd." und „ostd." bezeichnet. Obwohl es in der Einleitung unterstrichen wird, dass diese letzten Abkürzungen „für den Sprachgebrauch im nördlichen, südlichen oder östlichen Teil Deutschlands" (LGWDaF 2010: 22) verwendet werden, kann dem Benutzer nicht klar sein, ob damit „Norddeutschland", „Süddeutschland" und

„Ostdeutschland" gemeint wird oder als „norddeutsch", „süddeutsch" oder „ostdeutsch" zu verstehen sind. Aus diesem Grund würde ich die Markierungen des *Variantenwörterbuchs des Deutschen* (Ammon u. a. 2004) aufnehmen. Dieses Wörterbuch unterscheidet zwischen: D (Deutschland) D-nord (Norddeutschland), D-nordost (Nordostdeutschland), D-nordwest (Nordwestdeutschland), D-ost (Ostdeutschland), D-mittelost (Mittelostdeutschland), D-mittelwest (Mittelwestdeutschland), D-mittel (Mitteldeutschland), D-süd (Süddeutschland), D-südost (Südostdeutschland), D-südwest (Südwestdeutschland) und D (landsch.)[20] für die regionalen Varianten des deutschen Standarddeutsch. Ähnliche Kennzeichnungen gibt es für das österreichische und das schweizerische Deutsch. Damit ist es deutlicher, worauf sich diese Abkürzungen beziehen. Andererseits sind aber die Unterscheidungen in Ammon u. a. (2004) manchmal zu spezifisch. Deswegen würde ich lediglich zwischen D (Deutschland), D-nord (Norddeutschland), D-ost (Ostdeutschland), D-mittel (Mitteldeutschland), D-süd (Süddeutschland), D-südwest (Südwestdeutschland) und D-südost (Südostdeutschland) unterscheiden.

4.2 Enzyklopädische Lernerwörterbücher

In A2. wurde gesagt, dass die deutsche Lexikografie ein enzyklopädisches Lernerwörterbuch entwickeln sollte, um damit den DaF-Lernern die Kulturspezifika der deutschen Sprache besser erklären zu können. Deswegen wird hier gezeigt, wie dieses Nachschlagewerk aussehen sollte und wie die Plurizentrik des Deutschen dargestellt werden könnte. Vorher ist es aber notwendig, eine Definition vom enzyklopädischen Lernerwörterbuch zu geben und die Probleme dieses Nachschlagewerks zu besprechen.

4.2.1 Definition von enzyklopädischem Lernerwörterbuch und ihre Probleme[21]

Das enzyklopädische Lernerwörterbuch ist ein spezielles Nachschlagewerk für Fremdsprachenlerner mit den beschriebenen Merkmalen in E4.1, und kann nach Heath und Herbst (1994: 152) als allgemeinspezifische Enzyklopädie oder als Erklärungsversuch einer Zielkultur gelten. Daraus folgt also, dass auch die

---

20 Damit werden die Lemmata bezeichnet, wenn es nicht möglich ist, die Verwendung eines Stichworts genauer zu präzisieren. Zu weiteren Benutzungsangaben des Variantenwörterbuchs vgl. Ammon u. a. (2004: XVIII–XIX) und Schmidlin (2011: 138ff.).

21 Vgl. auch Crowther (2000).

Benutzungsausrichtung dieser Nachschlagewerke unterschiedlich ist: Im ersten Fall werden die Einträge „in einer für die Ausländer leicht verständlichen Sprache, nicht aber in ihrer Auswahl" (Ebd.) gestaltet, während im zweiten versucht wird, den Benutzern die Zielkultur(en) zu erklären. Damit wird außerdem die Wahl der Stichwörter geändert: Wenn das enzyklopädische Lernerwörterbuch als allgemeinspezifische Enzyklopädie verstanden wird, sind darin auch Sachinformationen in einer leicht verständlichen Sprache enthalten. Ist es im Gegensatz dazu die Rede von einem an der Zielkultur orientierten enzyklopädischen Lernerwörterbuch, werden mehr Kulturspezifika aufgenommen.

Meiner Meinung nach sollte das enzyklopädische Lernerwörterbuch einen Kompromiss zwischen den zwei Bedürfnissen (die allgemeinspezifische Enzyklopädie und das Nachschlagewerk für Kulturspezifika) finden, weil die Lerner sowohl etwas über die Zielkultur erfahren als auch allgemeinspezifische Informationen erhalten möchten. Heath und Herbst (1994: 152ff.) vertreten trotzdem die Ansicht, dass Sachinformationen nur eingeschränkt in einem enzyklopädischen Lernerwörterbuch vorkommen sollten, weil dieses Nachschlagewerk die Enzyklopädien wie die von Brockhaus nicht ersetzen muss: Für Lemmata wie *Helmut Kohl* oder *Heinrich Heine* sollte also nur die Orthografie signalisiert werden. Dennoch reicht dies meiner Meinung nach nicht aus, da enzyklopädische Lernerwörterbücher prinzipiell während der Übersetzung benutzt werden sollten. Daher wollen die Lerner in dieser Situation nicht nur die unterschiedlichen Orthografien der klassischen oder ausländischen Namen, sondern auch etwas über die Biografie und (im Fall von *Heinrich Heine*) über die bekanntesten Schriften erfahren. Der Aufsatz von Heath und Herbst gibt aber eine Analyse der enzyklopädischen Lernerwörterbücher der englischen Sprache – insbesondere das *Oxford Advanced Learner's Dictionary Encyclopedic Edition* (OALD-EE) und das *Longman Dictionary of English Language and Culture* (LDELC) – und erklärt, wie diese Nachschlagewerke am Beispiel der Bedürfnisse der deutschen Muttersprachler, die in der Schule Englisch lernen, verbessert werden können. Einige Vorschläge in diesem Aufsatz – wie z. B. die Enzyklopädie von Brockhaus zu benutzen, wenn genauere Sachinformationen notwendig sind – sind für die DaF-Lerner nicht geeignet, da diese Enzyklopädie für deutsche Muttersprachler gedacht und die verwendete Sprache für Ausländer nur schwer verständlich ist. Darüber hinaus möchten die Lerner vielleicht nicht, Erklärungen zu den gesamten Schriften von Heinrich Heine oder zu allen Gesetze von Helmut Kohl mühsam erarbeiten, sondern nur erfahren, wann Heinrich Heine oder Helmut Kohl gelebt haben, welche Rolle sie gespielt haben und wofür sie bekannt sind. Die besten Definitionen zu den obengenannten Lemmata sollten also so aussehen:

Abbildung 13: Beispiele für eine Definition von Heinrich Heine und Helmut Kohl in einem enzyklopädischen Lernerwörterbuch des Deutschen.

Heine, Heinrich n. m. ['hainrich 'haine] (Düsseldorf 1827–Paris 1856). Deutscher Dichter, Schriftsteller und Journalist der Romantik jüdischer Herkunft. Er studierte in Bonn, Göttingen und Berlin. Er besuchte Kurse über die Geschichte der deutschen Sprache und Poesie und kannte AUGUST WILHELM SCHLEGEL und GEORG WILHELM FRIEDRICH HEGEL. 1824 PROMOVIERTE er in Göttingen und das folgende Jahr ließ er sich protestantisch taufen. In diesem Jahr schrieb er sein berühmtestes Gedicht, das LIED DER LORELEY. Da er jüdischer Herkunft war und später seine Werke in Deutschland verboten wurden, ging er in Exil nach Paris. Hier starb er am 17. Februar 1856.

Kohl, Helmut J. M. n. m. ['hɛlmuːt 'koːl] (Ludwigshafen am Rhein 3.04.1930). Deutscher Politiker der CDU (= Christlich Demokratische Union). Zwischen 1982 und 1998 war er der sechste BUNDESKANZLER der BUNDESREPUBLIK DEUTSCHLAND. Da er den Wiedervereinigungsprozess nach dem MAUERFALL koordiniert hat, ist K. auch als VATER DER EINHEIT bekannt.

Neben diesen beiden Definitionsvorschlägen werden auch folgende Fragen an ein enzyklopädisches Lernerwörterbuch gestellt: Wie aktuell sollte es sein? Welche Informationen und welche Illustrationstypen (vgl. dazu F4.1.4) sollte dieses Nachschlagewerk enthalten? Um diese Fragen zu beantworten, schlagen Heath und Herbst (1994) vor, eine korpusanalytische Untersuchung durchzuführen, und die Bedürfnisse des ausländischen Zielpublikums zu berücksichtigen. Dabei ist jedoch anzumerken, dass der Aufsatz von Heath und Herbst sich eher mit den Kulturspezifika befasst, und die grammatischen und phonetischen Angaben – die in einem enzyklopädischen Lernerwörterbuch enthalten sein sollten – nicht beachtet werden. Meiner Meinung nach sollte ein enzyklopädisches Lernerwörterbuch mit den folgenden Kriterien konzipiert werden:

1. Es muss die Voraussetzungen im Abschnitt E4.1 aufweisen[22].
2. Die Lemmata dürfen weder zu enzyklopädisch noch zu allgemein sein. Daraus folgt, dass Stichwörter so wie in Abbildung 11 und 12 gestaltet werden sollten und dass enzyklopädische Lernerwörterbücher den Lernern primär die Zielkultur (in diesem Fall die der deutschsprachigen Länder) erklären sollten. Dabei sollten z. B. landeskundliche Elemente, Erläuterungen von Eigennamen, Abkürzungen, Marken, Kulturspezifika und alles, was mit der deutschen Kultur zu tun hat, vorkommen. Konsequenterweise sollten in einem enzyklopädischen Lernerwörterbuch Stichwörter wie *Bescherung*,

---

22   Im Fall eines elektronischen enzyklopädischen Lernerwörterbuchs sollten die Merkmale in F3.3 berücksichtigt werden.

Fachwerkhaus, Backsteinbau, Lebkuchen, Wurst, NSDAP, CDU, Angela Merkel, Wolfgang Amadeus Mozart, Johann Sebastian Bach, Johann Wolfgang von Goethe, Friedrich Schiller, Adolf Hitler, Immanuel Kant, Platon, Gorbatschow, Berliner Mauer, Erich Honecker, usw. erwähnt werden. Dahingegen sollten z. B. *Johanna Kathleen Rowling* oder *Harry Potter* nicht enthalten sein, weil sie nicht zur deutschen Kultur gehören und keine Rolle dabei spielen, auch wenn sie in den deutschsprachigen Ländern bekannt sind und *Harry Potter* auch ins Deutsche übersetzt wurde.

3. Das Wörterbuch sollte auf den Ergebnissen einer korpusanalytischen Untersuchung basieren, um überprüfen zu können, wie häufig dieses Nachschlagewerk aktualisiert werden sollte. Im Gegensatz zu einem normalen Lernerwörterbuch lohnt es sich nach Heath und Herbst (1994: 156ff.) nicht, ein enzyklopädisches Lernerwörterbuch ständig zu überarbeiten. Auch wenn man in „[…] eine[r] überarbeitete[n] Version auch nur einen geringen Prozentsatz der Einträge neu gestaltet hätte, [muss] man auch viel „Unverändertes" mitbezahlen und mitkaufen […]" (Ebd.: 157). Alles hängt aber meiner Ansicht nach von dem Medium ab: Ist es ein Printwörterbuch, dann sollte es alle 20 Jahre aktualisiert werden. Im Fall eines elektronischen enzyklopädischen Lernerwörterbuchs könnte es ständig überarbeitet werden.

4. Es müsste Bilder und Kästen enthalten – besonders für solche Lemmata, die nicht durch eine leicht verständliche Sprache erklärbar sind.

4.2.2 Die Plurizentrik der deutschen Sprache in den enzyklopädischen Lernerwörterbüchern

Da enzyklopädische Lernerwörterbücher kleine Enzyklopädien für Ausländer sind, sollten bei der Darstellung der Plurizentrik des Deutschen mehr die Landeskunde als die grammatischen und pragmatischen Varietäten berücksichtigt werden, weil letztere eher in einem normalen Lernerwörterbuch enthalten sein sollten. Wie schon erwähnt, muss also das enzyklopädische Lernerwörterbuch Kulturspezifika und alles, was mit der Kultur der deutschsprachigen Länder zusammenhängt, umfassen. Um dieses Ziel zu erreichen, könnten Bilder, Kasten und Abkürzungen verwendet werden, die am Beispiel der vorigen Abschnitte gestaltet werden sollten.

Enzyklopädische Lernerwörterbücher können die Plurizentrik der deutschen Sprache so darstellen:

Lebkuchen, der, – [leb'kuçen] D deutsches Weihnachtsgebäck, das aus Schokolade, Gewürzen und Orangenmarmelade besteht. Es ist besonders für die Städte Nürnberg und Lübeck typisch.

Abbildung 14: Die Plurizentrik des Deutschen in den enzyklopädischen Lernerwörterbüchern des Deutschen am Beispiel des Worts Lebkuchen.

Nürnberger Lebkuchen   Lebkuchen in Norddeutschland

Abbildung 15: Die Plurizentrik des Deutschen in den enzyklopädischen Lernerwörterbüchern: Die Verwendung von Kasten.

> **Kiosk/Trafik**
> Der Laden, der Zigaretten, Zeitungen, Zeitschriften, Süßigkeiten und Ähnliches verkauft, heißt in Deutschland *Kiosk* und in Österreich *Trafik*.

Abbildung 16: Die Plurizentrik des Deutschen in den enzyklopädischen Lernerwörterbüchern: Die Verwendung von Illustrationen am Beispiel des Worts Rührei.

oder so:

Rührei, das, /, [ˈrʏrai], D

Schlussbemerkungen

Sind das Deutsche in Deutschland, in Österreich und in der Schweiz drei Sprachen oder drei Varietäten einer Sprache? Die Standardvarietät Deutschlands weist viele Merkmale auf, die in Österreich und in der Schweiz auch bekannt sind und verwendet werden, obwohl sie in diesen Ländern nicht immer zur Standardsprache gehören. Im umgekehrten Fall sind auch Austriazismen und Helvetismen teilweise in Deutschland bekannt und werden verwendet. Daher ist das Deutsche eine plurizentrische Sprache, die aus demografischen Gründen über eine Asymmetrie unter ihren Zentren verfügt: Die Standardvarietät Deutschlands gilt als überregional und übernational, weswegen sich Österreicher und Schweizer benachteiligt fühlen, wenn sie ihre eigene Sprachvarietät in der Öffentlichkeit verwenden.

Die Plurizentrik des Deutschen wird in den Wörterbüchern jedoch schlecht widerspiegelt: Aufgrund der Verbreitung des *Dudens* und des *Brockhaus-Wahrigs* und der Überzeugung, dass das richtige und wahre Deutsch nur in der Bundesrepublik gesprochen wird, werden die typischen Merkmale der deutschen Sprache in Deutschland in den Wörterbüchern nicht verzeichnet. Damit wird die Varietät Deutschlands mit dem Gesamtdeutsch gleichgesetzt und der Eindruck erweckt, dass die nicht-markierten Ausdrücke allgemein bekannt sind. Darüber hinaus werden Muttersprachlern aus Österreich, der Schweiz oder aus anderen Ländern bei der Erkennung der eigenen nationalen Varietäten nicht geholfen. Deswegen wünscht sich Ammon (2004), dass in Zukunft Wörterbücher die Teutonismen neben den Austriazismen und den Helvetismen mithilfe des *Variantenwörterbuchs des Deutschen* – 2004 unter der Leitung von Ulrich Ammon veröffentlicht und auf einer Korpusanalyse in COSMAS II basiert (Schmidlin 2011) –[1] markieren. Wie aus meiner qualitativen Analyse durch COSMAS II zu erkennen ist, sind Teutonismen dennoch schwer zu unterscheiden, weil es nicht so klar ist, was zum Gesamtdeutschen und was zur Standardvarietät Deutschlands gehört. Daher wäre es notwendig, eine genauere Definition des Gesamtdeutschen zu

---

1   Nach einem persönlichen Bericht von Prof. Ulrich Ammon am 15.11.2012 wird in Kürze eine zweite Auflage des Variantenwörterbuchs verfügbar sein, in dem auch die Viertelzentren der deutschen Sprache berücksichtigt werden.

geben und zu untersuchen, ob dies aus den unspezifischen nationalen Varietäten besteht. Ein weiteres Forschungsdesiderat ist nach der Erscheinung der *Variantengrammatik des Deutschen*[2] auch die Variation des Deutschen auf der pragmatischen Ebene zu untersuchen. Aus meiner qualitativen Untersuchung ist dennoch zu bemerken, dass die Plurizentrik des Deutschen – wie auch Schmidlin (2011) anmerkt – in dem Fall eines Allgemeinwörterbuchs für Muttersprachler asymmetrisch dargestellt wird, d. h. ein Wörterbuch, das bei einem Verlag in Deutschland erschienen ist, die Markierungen nur für die Austriazismen und Helvetismen trägt, die in Deutschland nicht bekannt sein könnten. Umgekehrt hat ein österreichisches Nachschlagewerk zumindest nur die Schweizerismen (Helvetismen) und die Teutonismen zu verzeichnen.

Da die Plurizentrik des Deutschen ein Problem für DaF-Lerner ist, sollten nationale Varietäten des Deutschen in den Lernerwörterbüchern mehr berücksichtigt werden. Mit meiner quantitativen Untersuchung von zwei *Learners' Dictionaries* des Deutschen, das LGWDaF (2010) und DGWDaF (Kempke 2000), wurde gezeigt, dass die Plurizentrik nur beschränkt beachtet wird, auch in solchen Bereichen – wie die Pragmatik oder die Semantik –, die für die Kompilation eines Lernerwörterbuchs wichtig sind.

Schließlich wurde auch gezeigt, wie das enzyklopädische Lernerwörterbuch der deutschen Sprache, das bisher nicht erschienen ist, aussehen sollte und wie die Plurizentrik des Deutschen in diesen Nachschlagewerken dargestellt werden könnte.

---

2   Durscheid u. a. (2009) berichtet, dass 2006 das Projekt *Variantengrammatik des Deutschen* entstanden ist. Diese Grammatik ist jedoch bis jetzt noch nicht erschienen.

Anhänge

Hier werden alle Ausdrücke aufgeführt, die in den Wörterbüchern räumlich markiert werden sollten. Die Termini sind in verschiedene Wortfeldern aufgeteilt. Zuerst werden die spezifischen nationalen Varietäten berücksichtigt. Am Ende werden auch die unspezifischen Ausdrücke verzeichnet.

Schweizerismen

Essen
r Aperitif
r Baumnuss
s Caramel
r Coupe
s Cornet
s Eiscornet
r Fleischvogel
s Frankfurterli/s Wienerli
e Glace
r Hohrücken
r Kartoffelstock
e Knöpfli/e Spätzli
e Konfitüre
e Marroni
s Modelbrot
s Nachtessen
s Poulet
s Rippli
s Rüebli
s Voressen
e Weindegustation
e Zucchetti
e Zwetschge

Haushalt

abtischen

auswallen

r Estrich

e Falle

r Gartenhag

glätten

r Hahnen

r Hosensack

s Nastuch

r Schuhbändel

s Taburett

s (Ge-) Täfer

r Veston

r Zapfenzieher

Verwaltung, Justiz und bürokratische Sprache

e Achtungsstellung

r Advokat

e Appellation

ankünden

ausschaffen

r Beitrag (Subvention)

r Ceinturon

e Direktion

e Einwohnerkontrolle/e Schriftenkontrolle

r Fahrausweis

r Familiengarten

s Gegenmehr

e Geschäftsliste

e Güterregulierung/e Güterzusammenlegung

e Identitätskarte

e Immatrikulation

immatrikulieren

e Legitimationskarte

e Matur/e Maturitätsprüfung

r Mittelschullehrer

e Promotion

r Regierungsrat

e Sanität
s Spital
r Vortritt (Vorfahrt)
e Wischmaschine
s Zivilstandregister

Geschäftsleben
e Aktion
anläuten
r Automobilist
avisieren
beziehen/einziehen
r Camion
e Comestibles
r Fünfplätzer
r Gesamtarbeitsvertrag
r Harass (für Kartoffeln)
r Harass (für Getränkeflaschen)
r Magaziner
r Pneu
r Rolli
s Velo
r Verwaltungsrat
r Zwischenhalt

Menschliches Verhalten, Soziales
antönen
s Grosskind

Formwörter & Ausdrücke mit verschiedener Bedeutung
r Anzug
bis anhin
r Estrich
r Vortritt/Vorfahrt
wischen

Phraseologismen
jemanden anfragen
eine Frist ansetzen
auf Zusehen hin
in Tat und Wahrheit

Teutonismen

Speisen
s Abendbrot
e Apfelsine
r Berliner
r Eierkuchen
s Hähnchen
e Karamelle
e Marone
e Mohrrübe
e Möhre
e Pellkartoffeln
r Pfannkuchen
r Rosenkohl
s Rührei
e Sahne

Haushalt
r Lacken, s Betttuch
r Mülleimer
plätten
e Tüte

Verwaltung, Justiz und bürokratische Sprache
s Abitur
r Abiturient
r Bundestag
Jura
e Koppel
r Küster
r Landesminister
r Personenstandregister
s Studienrat
s/r Zubehör

Geschäftsleben
r Fernsprecher/s Telefon
fernmündlich
r Kelter

r Klempner
r Krug
s Pfund
r Schlachter/r Fleischer
r Schreiner
e Zicke

Sport und Spiele
campen
r Torwart

Menschliches Verhalten, usw.
schwindelig
dröge
sich högen
r Junge
e Kabbelei
klönen, schnacken, schwatzen, schwätzen
r Klugschnacker
mausen
schrinnen
r Ziegenpeter

Sonstiges
r Butt
e Forke
Januar
Sonnabend
e Ul
s Weihnachten

Indeklinabilia
ansonsten
durchweg

Wörter mit verschiedener Bedeutung
e Anlage
r Krug
r Negerkuß
s Plätzchen
r Sessel

Austriazismen

Speisen
s süße Gebäck
s Erdapfelpüre
e Fisole
e Frankfurter (Wurst)
gustieren
e Melanzani/-e
e Marille
e Rindsuppe
   überkühlen

Haushalt
e Abwasch
e Faschiermaschine
e Fleischmaschine
r Mist
e Muschel
e Schale
r Sessel
s Stockerl

Verwaltung, Justiz und Bürokratische Sprache
amtsbekannt
einlangen
r Erlagschein/r Zahlschein
e Familienbeihilfe
s Gefangenhaus/s Gefangenenhaus
hieramts
inskribieren
r Lokalaugenschein
e Matrik/e Matrikel
e Matura
r Maturant
s Nominale
e Obsorge
perlustrieren
r Präsenzdiener/r Wehrdiener

r Primar(ius)/r Primararzt
e Schulbuchaktion
e Sponsion
urgieren
e Urgenz
r Wachebeamter

Geschäftsleben und Handwerk
e Bedienerin
e Dahgleiche/e Gleichenfeier/e Firstfeier
delogieren
r Fleischhauer/r Fleischhacker
e Greißlerei
r Hausbesorger
e Kassa
lukrieren
e Manipulationsgebühr
r Nachrang
s Offert
e Ordination
e Polizze
r Professionist
e Putzerei
r Trafik
e Vorrangstraße

Sport und Spiele
r Autodrom
s Out
r Outeinwurf

Menschliches Verhalten, usw.
präpotent
Präpotenz

Sonstiges
Feber
Jänner

Indeklinabilia
ober/über

Ausdrücke mit unterschiedlicher Bedeutung
e Bäckerei
r Manipulant
r Sessel
r Professor

Phraseologismen
etw. in Evidenz halten
seinen Kren zu etw. geben

Unspezifische nationale Varietäten

Schweizerismen (Helvetismen)

Speisen
abhangen
Biscuit
e/r Coupe
s Cornet
e Geschwellte
r Gipfel
e Konfitüre
r Schnitz
e Zwetschge

Haushalt
e Bettstatt/s Bettgestell/e Bettstelle
r Kittel
e Raffel
wischen
zapfen

Justiz, Verwaltung und Bürokratische Sprache
e Abwesenheit/s Fehlen
e Ausrufezeichen/e Ausrufungszeichen
e Beilage
e Berufung
s Department
e Direktion
r Führerschein
s Jus/Jura
r Kleber

s Kontrollbüro
r Landmann
e Matura
r Polizeimann/r Polizeibeamte/r Polizist
r Rechtsanwalt
von amteswegen
s Telefonabonnement
verhalten/verpflichten
r Wachtmeister
r Zivildienstamt

Geschäftsleben, usw.
r Billeteur
intern
kaputt
r Lastwagen
r Lehrbub/r Lehrling
e Occasion
rentieren
visieren
zugute haben

Menschliches Verhalten, Soziales, usw.
andeuten
ersorgen
kernig
schwätzen
tüchtig
verdanken

Sport und Spiele
r Corner
s Goal
r Karussell/e Reitschule

Sonstiges
Altjahr(e)stag/Silvester
heuer/in diesem Jahr
e Pfingsten
viertel über sieben
e Weihnacht/e Weihnachten

Formwörter
allenfalls
bis jetzt
fallweise
schlussendlich

Ausdrücke mit unterschiedlicher Bedeutung
e Fraktion
e Vorfahrt

Phraseologismen
auf Zusehen hin
bis auf weiteres
im Voraus
Jemandem/einer Sache nachfragen
zum Voraus

Deutschlandismen (Teutonismen)

Speisen
e Apfelsine
e Aprikose
r Berliner
r Blumenkohl
geräuchert
e Orange
r Quark
r Rosenkohl
rote Beete/rote Rübe
s Rührei
e Spätzle
r Weißkohl
r Wiener/r Frankfurter (Wurst)
e Zwetschge

Haushalt
r Ausguss
ausrollen
r Bindfaden
bügeln

einkaufen
r Hocker
s Kehricht/r Abfall/r Müll
e Treppe

Justiz, Verwaltung und Bürokratische Sprache
e Adressenänderung
e Akte
r Anbau
e Ausrufezeichen/e Ausrufungszeichen
r Bürgermeister
r Familienname
e Koppel
e Kriminalpolizei
r Tornister
e Turnhalle

Geschäftsleben
e Adresse
e Anschrift
e Beige
bezahlen
r Bürgersteig
r Fernsprecher
r Fleischer
r Friseur/e Friseurin
r Gehsteig
r Hausmeister
r Käpten/r Kapitän
keltern
r Krug
r Installateur
r Metzger
s Mietshaus
e Nutte
e Prostituirte
r Pfund
e Rückfahrkarte
r Schreiner

r Spengler
e Stapel
telefonisch
r Tischler
r Traktor
e Ziege

Sport und Spiele
r Torhüter
r Schaukel

Menschliches Verhalten, usw.
r Besserwisser
r Bub
drall
sich freuen
langweilig
r Puff
ründlich
schwatzen
schwätzen
(sich) setzen
stehlen
r Windpocken

Sonstiges
e Eisheiligen
Januar
Samstag
e Scholle
r Storch
e Weihnacht

Indeklinabilia
anderenfalls
ansonsten

Ausdrücke mit unterschiedlicher Bedeutung
r Ausguss
e Hausfrau
r Sessel

Austriazismen

Speisen
e Blunze
s Eiklar
e Kartoffel
r Knödel
r Kren
e Maroni
r Nachtmahl
schlecken
s Topfen
e Weinbeere
s Zibebe
s Zuckerl
e Zwetschge

Haushalt
r Ansitz
s Anwesen
e Bettlade
e Hacke
e Haube
r Hocker
s Kamin
e Kappe
s Kissen
e Kluppe
e Liegenschaften
e Miete
s Mietshaus
r Mietzins
r Plafond
schlichten
stapeln
r Schuhband
s Stockerl
r Tram
e Umfahrung

r Wissenschafter
r Wissenschaftler

Justiz, Verwaltung und Bürokratische Sprache
r Angeklagte
e Beilage
einheben
e Habachtstellung
s Jus
Manus
e Matura
e Präposition
r Spital
r Turnsaal
r Vorrang
r Wachtmeister

Geschäftsleben, usw.
jmdm. aufnehmen
einheben
klauben
e Konsumation
pflücken
sammeln

Sport und Spiele
s Autodrom
campieren/kampieren
Hands
Leader
r Tormann
r Torhüter

Menschliches Verhalten, Soziales, usw.
e Ansprache
aufdrehen
benzen
r Bub
einschalten
sich erkälten
r Fratz

146

sich niederlegen
sich niedersetzen
nörgeln
pedant
raunzen
schauen
schwindlig
sekkieren
sich verkühlen
s Wimmerl

Sonstiges
allfähig
Altjahrstag
aper
e Eismänner
Februar
heuer
e Lacke
s Moos/s Moor
Nikolo
Nikolaus
Pech
schwindlig

Indeklinabilia
ansonst
retour
zurück

Ausdrücke mit unterschiedlicher Bedeutung
s Buffet
e Hausfrau
e Steige
r Zins

Phraseologismen
in der Früh
jmd. sich alle zehn Finger abschlecken
es schüttet
über die Gasse verkaufen
zum Handkuss kommen

Literaturverzeichnis

Primärliteratur

Ammon, U. u. a. (2004): *Variantenwörterbuch des Deutschen. Die Standardsprache in Österreich, der Schweiz und Deutschland sowie in Liechtenstein, Luxemburg, Ostbelgien und Südtirol.* Berlin u. a.: W. De Gruyter.

Back, Otto u. a. (2012): *Österreichisches Wörterbuch: Das einzige amtliche Wörterbuch Österreichs.* Wien: ÖVB.

COSMAS II

https://cosmas2.ids-mannheim.de/cosmas2-web/general.longActionResults.do (Zugriff am 25.01.2013).

Duden. Deutsches Universalwörterbuch. 7. überarbeitete und erweiterte Auflage. Bibliographisches Institut, Mannheim: 15. März 2011.

Kempke (2000): *De Gruyter Wörterbuch Deutsch als Fremdsprache.* Berlin u. a.: De Gruyter.

König, W. (17 2011): *dtv-Atlas Deutsche Sprache. Mit 155 farbigen Abbildungsseiten.* München: Deutsche Taschenbuch Verlag.

Langenscheidt Großwörterbuch Deutsch als Fremdsprache: Das einsprachige Wörterbuch für alle, die Deutsch lernen. Neubearbeitung. Herausgegeben von Prof. Dr. Dieter Götz, Prof. Dr. Günther Haensch, Prof. Dr. Hans Wellmann. In Zusammenarbeit mit der Langenscheidt – Redaktion. Berlin u. a.: Langenscheidt, 2010.

Mayer, K. (2006): *Schweizer Wörterbuch. So sagen wir in der Schweiz.* Mit einem Beitrag von Hans Bickel. Zürich: Hueber.

PONS Basiswörterbuch Deutsch als Fremdsprache. Herausgegeben von Dörthe Hecht und Annette Schmöllinger. Stuttgart: Klett, 1999.

Sekundärliteratur[1]

*Allmayer, S. (2004): *Wie weit berücksichtigen Lehrmaterialien die nationalen Varietäten des Deutschen?* München: GRIN-Verlag.

---

1   Aufgrund der umfangreichen Bibliografie wird die berücksichtigte Literatur mit einem Asteriskus gekennzeichnet.

Ammon, U. (1991): *Die internationale Stellung der deutschen Sprache*. Berlin/ New York: de Gruyter.

Ammon, U. (1991a): [Zusammen mit M. Hellinger] *Status Change of Languages*. Berlin/New York: de Gruyter.

Ammon, U. (1994): *English only? in Europa/in Europe/en Europe*. Tübingen: Niemeyer. (*Sociolinguistica* 8).

*Ammon, U. (1995): *Die deutsche Sprache in Deutschland, Österreich und in der Schweiz*. Berlin u. a.: W. De Gruyter.

*Ammon, U. (2000): „Sprache – Nation und die Plurinationalität des Deutschen". In: Gardt (2000: 509–524).

Ammon, U. (2001): *The Dominance of English as a Language of Science. Effects on the Non-English Languages and Language Communities*. Berlin/New York: Mouton de Gruyter (*Contributions to the Sociology of Language* 84).

*Ammon, U. (2004): „Standardvarietäten des Deutschen: Einheitssprache und nationale Varietäten". In: Moraldo und Solfritti (2004: 33–48).

Ammon, U. (2009): „Wird die deutsche Sprache (von anderen Sprachen, vor allem Englisch) verdrängt?" *Der Deutschunterricht* 61 (5): 14–21.

*Bär, J. A. (Hrsg.) (2003): *Von „aufmüpfig" bis „Teuro". Die „Wörter der Jahre" 1971–2002*. Bibliographisches Institut Mannheim, S. 9–26 (*Thema Deutsch Band 4*)

*Ballstaedt, P.; *Visualisierung: Bilder in der technischen Kommunikation*. Zertifikatslehrgang Technical Writing/Technische Dokumentation 2005/2006.

Barnhart, C. L. (1962): "Problems in editing commercial monolingual dictionaries". In: Housholder, F. W. & Saporta, S. (Hrsg.), *Problems in Lexicography. Report of the Conference on Lexicography Held at Indiana University. November 11–12, 1960*. Bloomington, 161–181.

Bausch, K. R.; Christ, H.; Königs, F. G.; Krumm, H. J. (Hrsg.) (1995): *Erwerb und Vermittlung von Wortschatz im Fremdsprachenunterricht. Arbeitspapiere der 15. Frühjahrskonferenz zur Erforschung des Fremdsprachenunterrichts*. Tübingen: Günther Narr Verlag. (*Gießener Beiträge zur Fremdsprachendidaktik*, 15).

*Berruto, G. (2004): „Sprachvarietät – Sprache (Gesamtsprache, historische Sprache)". In: *Sociolinguistica* 24, S. 188–195.

Bertele, R. (2004): „Vor lauter Linguisten die Sprache nicht mehr sehen. Diglossie und Ideologie in der deutschsprachigen Schweiz". In: Christen, H. (Hrsg.: 111–136).

*Bleyhl, W. (1995): „Wortschatz und Fremdsprachenunterricht oder: Das Problem sind nicht die Lerner" In: Bausch, K. R.; Christ, H.; Königs, F. G.; Krumm, H. J. (Hrsg. 1995: 20–27).

*Bopp, S. (²2010): *Einführung in die Korpuslinguistik mit DeReKo und COSMAS II, 2. aktualisierte und korrigierte Fassung, 9.05.2010.* Universität Augsburg.

*Bosco, S. (2003): *Storia della letteratura tedesca.* Alessandria: Dell'Orso.

*Bußmann, H. (2008): *Lexikon der Sprachwissenschaft. Vierte, durchgesehene und bibliographisch ergänzte Auflage unter Mitarbeiter von Hartmut Lauffer.* Stuttgart: Körner.

*Christensen, H. (Hrsg. 2004): *Dialekt, Regiolekt und Standardsprache im sozialen und zeitlichen Raum. Beiträge zum 1. Kongress der Internationalen Gesellschaft für Dialektologie des Deutschen, Marburg/Lahn, 5.–8. September 2003.* Wien: Verlag für Literatur und Sprachwissenschaft.

*Clyne, M. (1992): *Pluricentric Languages: Differing Norms in Different Nations.* Berlin u. a.: W. De Gruyter.

*Clyne, M. (1995): „Sprachplanung in einer plurizentrischen Sprache. Überlegungen zu einer österreichischen Sprachpolitik aus internationaler Sicht". In: Muhr (1995: 1–16).

Clyne, M. (1995a): *The German Language in a Changing Europe.* Cambridge University Press.

*Crowther, J. (1999): *Encyclopedic learners' dictionaries.* In: Herbst, T. u. a. (1999: 213–220).

*De Schryver, G. M.; Prinsloo, D. J. (2011): *Do Dictionaries Define on the Level of Their Target Users? A Case Study for Three Dutch Dictionaries.* In: *International Journal of Lexicography* 24/1: 5–28.

*Di Paolo, M. C. (2000): *Gli elvetismi nella stampa zurighese.* Alessandria: Dell'Orso.

*Dürrell, M. (2004): *Linguistic Variable – Linguistic Variant. Sprachvariable – Sprachvariante.* In: *Sociolinguistica* 2004/1: 195–200.

*Dürscheid, C.; Elspaß, S.; Ziegler, A.; (2009): ,Grammatische Variabilität im Gebrauchsstandard: das Projekt „Variantengrammatik des Standarddeutschen"'. In: Konopka, M. u. a. (2011: 123–140).

*Diekmannshenke, H.; Klemm, M.; Stöckl, H. (Hg. 2011): *Bildlinguistik.* Berlin: Erich Schmidt.

*Ethienne – Klemm, R.; „Zur Entstehung innerer Bilder – Ein Überblick". Online verfügbar unter: http://www.br-online.de/jugend/izi/text/klemm15_1.htm (Zugriff am 4.03.2013).

*Fraas, C./Steyer, K. (1992), „Sprache der Wende – Wende der Sprache? Beharrungsvermögen und Dynamik von Strukturen im öffentlichen Sprachgebrauch". In: Hellmann und Schröder (Hrsg. 2008: 299–316).

*Gardt, A. (Hrsg.), Nation und Sprache: die Diskussion ihres Verältnisses in Geschichte und Gegenwart. Berlin u. a.: De Gruyter, 2000.

*Götz, D. (1999): On some differences between English and German (with respect to lexicography). In: Herbst, T. u. a. (1999: 221–228).

*Götz – Votteler, K.; Herbst, T. (2009): "Innovation in Advanced Learner's Dictionaries of English". In: Lexicographica 25, 2009: 47–66.

*Gows, R. (2009): The integrated outer texts in recent English and German learners' dictionaries: A critical comparison. In: Lexicographica 25/2009: 67–90.

*Hägi, Sara (2005): „Ist Standarddeutsch für Deutschschweizer eine Fremdsprache? Untersuchungen zu einem Topos des sprachreflexiven Diskurses". In Linguistik Online 24 (3), pp. 19–46.

*Haas, W. (2009): Die Standardaussprache in der Schweiz. In: Wiesinger, P. u. a. (2009: 259–277).

Hartmann, R. R. K. (1987): Four Perspectives on Dictionary Use: a Critical Review of Research Methods. In: Cowie, A. P. (Hrsg.), The Dictionary and the Language Learner. Tübingen: Niemeyer, 1987.

Haß, U. (2005): Nutzungsbedingungen in der Hypertextenlexikographie. Über eine empirische Untersuchung. In: Steffen, D. (Hrsg.) Wortschatzeinheiten. Aspekte ihrer (Be)schreibung. Dieter Herberg zum 65. Geburtstag. Mannheim: Institut für Deutsche Sprache, 29–41.

*Heath, D.; Herbst, T. (1994): Enzyklopädische Lernerwörterbücher – ein neuer Wörterbuchstyp? In: Fremdsprachen Lehren und Lernen (23/1994: 149–163).

*Heath, D. (1999): The Treatment of International Varieties. In: Herbst, T. u. a. (1999: 143–150).

*Hellmann, M. W.; Schröder, M. (Hrsg. 2008): Sprache und Kommunikation in Deutschland Ost und West. Ein Reader zu fünfzig Jahren Forschung. Herausgegeben von Manfred W. Hellmann und Marianne Schröder unter Mitarbeit von Ulla Fix. Mit einem Geleitwort von Wolfgang Thierse. Hildesheim: Georg Olms Verlag (Germanistische Linguistik, 192–194).

*Herbst, T. (1998): *LGWDaF und die britische Lernerlexikographie.* In: Wiegand, H. E. (Hrsg. 1998: 20–33).

*Herbst, T./Popp, K. (1999): *The Perfect Learner's Dictionary.* Tübingen: Niemeyer (*Lexicographica Series Mayor*, 95).

*Herbst, T./Lorenz, G./Mittmann, B./Schnell, M. (Hrsg. 2004): *Lexikografie, ihre Basis- und Nachbarwissenschaften: (Englische) Wörterbücher zwischen >common sense< und angewandter Theorie.* Tübingen: Niemeyer. (*Lexicographica Series maior* 118)

*Holly, W.; Hoppe, A.; Schmitz, U. (2004): *Sprache und Bild I.* Bielefeld: Aisthesis Verlag (*Mitteilungen des deutschen Germanistenverbandes*, 51).

Hopfgartner, H. (2008): „Die zimbrische Sprachinsel. Einblicke in die älteste periphere deutsche Kultur in Mittelalter" In: Kolago, L. (Hrsg.): *Studien zur Deutschkunde* (XXXVIII Band). Universität Warschau.

*Hupka, W. (1989): *Wort und Bild. Die Illustrationen in Wörterbüchern und Enzyklopädien. With an English Summary. Avec un résumé français.* Tübingen: Max Niemeyer Verlag.

*Ihlenburg, K. H. (1964), „Entwicklungstendenzen des Wortschatzes in beiden deutschen Staaten". In: Hellmann und Schröder (Hrsg. 2008: 143–170).

*Klein, W; Geyken, A. (2010): „Das Digitale Wörterbuch der Deutschen Sprache (DWDS)". In: *Lexicographica* 26, 2010: 79–96.

*Klemm, M.; Stöckl, H.; „„Bildlinguistik" – Standortbestimmung, Überblick, Forschungsdesiderate". In: Diekmannshenke/Klemm/Stöckl (Hg. 2011: 7–18).

Kloss, H. (1952²1978): Die Entwicklung neuer germanischer Kultursprachen seit 1800. Düsseldorf: Schwan.

*Koller, W. (2000): Nation und Sprache in der Schweiz. In: Gardt (2000: 562–609).

Konopka, M.; Kubczak, J.; Mair, C.; Šticha, F.; Waßner, U. H. (Hgg. 2011): *Grammatik und Korpora 2009. Dritte internationale Konferenz. Mannheim 22.–24. 09.2009.* Tübingen: Narr Verlag.

*Kreswill, P. (2004): *Social Dialectology/Sozialdialektologie.* In: *Sociolinguistica* 2004/1: 22–33.

Kretschmer, P. (1918): *Wortgeographie der Hochdeutschen Umgangssprache.* Göttingen: Vandenhoeck & Ruprecht.

Labov, W. (1966): *The Social Stratification of English in New York City.* Washington D.C.

*Laufer, B. (2011): "The Contribution of Dictionary Use to the Production and Retention of Collocations in a Second Language". In: *International Journal of Lexicography* 24/1, 2011: 29–49.

*Lemnitzer, L./Zinsmeister H. (2006): *Korpuslinguistik: Eine Einführung.* Tübingen: Günther Narr Stüdienbücher.

*Lew, R. (2011): "Studies in Dictionary Use: Recent Development". In: *International Journal of Lexicography* 24/1, 2011: 1–4.

*Marello, C.; *Dizionari bilingui. Con schede sui dizionari italiani per francese, inglese, spagnolo, tedesco.* Bologna: Zanichelli, 1989.

*Marinelli, L. (Hrsg.) (2004): *Storia della letteratura polacca.* Torino: Einaudi.

*Muhr, R. (Hrsg., 1995): *Österreichisches Deutsch: linguistische, sozialpsychologische und sprach-politische Aspekte einer nationalen Variante des Deutschen. Materialien und Handbücher zum österreichischen Deutsch und zu Deutsch als Fremdsprache.* Wien: Hölder- Pichler-Tempsky.

*Muhr, R. (1997): „Die Auslandspolitik Österreichs und Deutschlands – ein Vergleich". Online verfügbar unter: http://www-oedt.kfunigraz.ac.at/OEDTBIB/INDEX.htm (Zugriff am 20.02.2013).

Muhr, R. (2000): Das Deutsche als plurizentrische Sprache – Die Didaktik des Deutschen als plurizentrische Sprache. In: *Österreichisches Sprachdiplom.* Wien: Hölder-Pickerl-Tempski (*Handbücher zum österreichischen Deutsch und zu Deutsch als Fremdsprache 4*).

*Muhr, R. „Die plurizentrischen Sprachen Europas. Ein Überblick". In: Gugenberger, E. (Hrsg., 2003): *Vielsprachiges Europa. Zur Situation der regionalen Sprachen von den Iberischen Halbinseln bis zum Kaukasus. With the assistance of Metschild Blumberg.* Frankfurt: Peter Lang Verlag, S. 191–233.

*Muhr, R. (2005): Das Österreichische Deutsch im Überblick. Online verfügbar unter: http://www-oedt.kfunigraz.ac.at/OEDTBIB/INDEX.htm (Zugriff am 20.02.2013).

Nesi, H. (2000): *The Use and Abuse of EFL Dictionaries.* Tübingen: Niemeyer.

*Nöth, W.; „Zur Komplementarität von Sprache und Bild aus semiotischer Sicht". In: Holly/Hoppe/Schmitz (2004: 8–22).

*Polenz, P. von (1999): *Deutsche Sprachgeschichte vom Spätmittelalter bis zur Gegenwart. Band III: 19. und 20. Jahrhundert,* Berlin u. a.: W. De Gruyter.

Quirk, R. (1973): "The social Impact of Dictionaries in the UK". In: McDavid, R. I. & Duckert, A. R. (Hrsg.), *Lexikography in English.* New York: New York Academy of Sciences, 76–88.

*Rash, F. (2002 – engl. 1998): *Die Deutsche Sprache in der Schweiz: Mehrsprachigkeit, Diglossie und Veränderung.* Bern u. a.: Peter Lang.

*Rötenhöfer, A.; *Struktur und Funktion in einem einsprachigen Lernerwörterbuch.* Das de Gruyter Wörterbuch Deutsch als Fremdsprache und Langenscheidts Großwörterbuch Deutsch als Fremdsprache im Vergleich. Hildesheim u. a.: Georg Holms Verlag, 2004. (*Germanistische Linguistik*, 177).

Schaeder, B. (1994): „Wir sind ein Wörterbuch! – Wir sind das Wörterbuch! Duden Ost + Duden West = Einheitsduden? Zum Erscheinen der 20. Auflage DUDEN deutsche Rechtschreibung". In: *Zeitschrift für germanistische Linguistik* 22/1, S. 58–90.

*Schafroth, E.; (2011); „Syntagmatische Kontexte in pädagogischen Wörterbüchern des Deutschen und des Italienischen". In: Bosco, S.; Costa, M.; Eichinger, L. M. (Hrsg.); "Deutsch – Italienisch: Sprachvergleiche/Tedesco – Italiano: confronti linguistici". Heidelberg: Universitätsverlag Winter, S. 67–91.

*Schafroth, E. (2011a): "Caratteristiche fondamentali di un learner's dictionary italiano". In: *Italiano Lingua Due*, 1, 2011.

*Schmidlin, R. (2011): *Die Vielfalt des Deutschen: Standard und Variation: Gebrauch, Einschätzung und Kodifizierung einer plurizentrischen Sprache.* Berlin u. a.: W. De Gruyter.

*Schmitt, H. (2009): „Über den gemeinsamen Sprachgebrauch in Ost und West, seine Probleme und kreativen Möglichkeiten". In: *Deutsche Sprache* 37, 2009, S. 97–129.

*Schmitz, U. (2004): „Schrift und Bild im öffentlichen Raum". In: Holly/Hoppe/Schmitz (2004: 58–74).

*Schrodt, R. (1995): „Der Sprachbegriff zwischen Grammatik und Pragmatik: Was ist das österreichische Deutsch?" In: Muhr (1995: 52–58).

*Schröder, M./Fix, U. (1997): *Allgemeinwortschatz der DDR-Bürger – nach Sachgruppen geordnet und linguistisch kommentiert.* Heidelberg: Zitierungen nach den Druck-Mskr.

*Schweizer, B. (1948): *Die Herkunft der Zimbern.* Online verfügbar unter: http://geiser.beepworld.de/langobardentheorie.htm (Zugriff am 25.02.2013).

Schweizer, B.; Dow, J. R. (2008): *Zimbrische Gesamtgrammatik. Vergleichende Darstellung der zimbrischen Dialekte.* Stuttgart: Franz Steiner Verlag.

*Storrer, A. (2010): „Deutsche Internet-Wörterbücher: Ein Überblick". In: *Lexicographica* 26, 2010: 155–164.

*Tono, Y. (2011): "Application of Eye-Tracking in EFL-Learners' Dictionary Look-up Process Research". In: *International Journal of Lexikography* 24/1, 2011: 124–153.

*Tontsch, G. H. (2004): *Minderheitschutz im östlichen Europa*. Online verfügbar unter: http://www.uni-koeln.de/jur-fak/ostrecht/minderheitenschutz/Vortraege/Rumaenien/Rumaenien_Tontsch.pdf (Zugriff am 27.02.2013).

*Wiesinger, P. (2000): „Nation und Sprache in Österreich". In: Gardt (2000: 525–562).

*Wiesinger, P. u. a. (2009): *Deutsches Aussprachewörterbuch*. Berlin u. a.: W. De Gruyter.

*Wiesinger, P. (2009). „Die Standardaussprache in Österreich". In Wiesinger u. a. (2009: 229–258).

*Welker, H. A.; "Dictionary use: a general survey of empirical Studies Brasilia". Author'sEdition2010. Onlineverfügbarunter:http://www.let.unb.br/hawelker/dictionary_use_research.pdf (Zugriff am 28.02.2012).

Wellmann, H. (2004): Der Definitionswortschatz des einsprachigen Wörterbuchs. In: Herbst/Lorenz/Mittmann/Schnell (2004: 89–105).

Wiegand, H. E. (1984): "On the Structure and Content of a General Theory of Lexicography". In: Hartmann, R. R. K. (Hrsg.): *LEXeter 83 Proceeding. Papers from the International Conference on Lexicography at Exter, 9–12 September 1983*. Tübingen: Niemeyer, 13–30.

Wiegand, H. E. (1985): „Eine neue Auffassung der sog. lexikographischen Definition". In: Hyldgaard – Jensen, K. & Zettersten, A. (Hrsg.), Lexikographie und Grammatik. Tübingen: Niemeyer, 17–100.

*Wiegand, H. E. (1998): „Perspektiven der pädagogischen Lexikographie des Deutschen. Untersuchungen anhand von „Langenscheidt Großwörterbuch Deutsch als Fremdsprache", Tübingen: Niemeyer.

*Wiegand, H. E. (2009): „Ausgewählte neuartige Komponenten der Wörterbuchform in deutschen und englischen einsprachigen Lernerwörterbüchern". In: *Lexicographica* 25, 2009: 169–212.

Wolf, B. (1992): „Wörterbücher und Benutzer – Versuch einer empirischen Untersuchung". In: Brauße, U. & Viehweger, D. (Hrsg), *Lexikontheorie und Wörterbuch: Wege der Verbindung von lexikologischer Forschung und lexikographischer Praxis*. Tübingen: Niemeyer, 295–389.

Webseiten

Amazon.de

http://www.amazon.de/gp/product/B007HCCOD0/ref=sv_kinc_0#kindle-compare (Zugriff am 18.03.2013).

Amazon.de – WAHRIG-Großwörterbuch Deutsch als Fremdsprache

http://www.amazon.de/wahrig-Gro%C3%9Fw%C3%B6rterbuch-Deutsch-Fremdsprache-Anwendungsbeispielen/dp/3577102373 (Zugriff am 19.03.2013).

American Dialect – Amerikanisches Wort des Jahres

http://www.americandialect.org/woty (Zugriff am 12.03.2013).

Bestandteile einer URL

http://www.lorenzoroi.net/corso-ip2/url.html (Zugriff am 21.03.2013).

Bosch-Stiftung

http://www.bosch-stiftung.de/content/language1/html/14169.asp (Zugriff am 13.03.2013).

Brockhaus (Produkte)

http://www.brockhaus.de/produktuebersicht.php (Zugriff am 18.03.2013).

Brockhaus – Wahrig

http://www.brockhaus.de/buecher/wahrigwoerterbuecher/index.php (Zugriff am 13.03.2013).

Bundesamt für Statistik – Statistik Schweiz

http://www.bfs.admin.ch/bfs/portal/de/index/themen/01/22/publ.html?publicationID=1737 (Zugriff am 13.07.2012).

Bundesministerium für Unterricht, Kunst und Kultur

http://ww.bmuk.gv.at/ (Zugriff am 2.03.2013).

Canoo.net

http://www.canoo.net/services/ueberblick/verantwortung.html (Zugriff am 19.03.2013).

Costituzione della Repubblica Italiana

http://www.governo.it/Governo/Costituzione/principi.html (Zugriff am 1.03.2013).

Deutsche Grammatik 2.0.

http://www.deutschegrammatik20.de/spezielle-verben/verben-sein-haben-werden/das-verb-sein/ (Zugriff am 29. 03. 2013).

Deutscher Akademischer Austauschdienst

https://www.daad.de/de/index.html (Zugriff am 13.03.2013).

Deutsches Wörterbuch von Jakob und Wilhelm Grimm

http://dwb.uni-trier.de/de/ (Zugriff am 13.03.2013).

Deutsch in Namibia

http://www.deutschinnamibia.org/ (Zugriff am 27.02.2013).

Deutsch-namibische Gesellschaft

http://www.dngev.de/index.php?option=com_content&view=category&layout=blog&id=20&Itemid=38 (Zugriff am 27.02.2013).

Duden-Shop

http://www.duden.de/shop/nachschlagen (Zugriff am 18.03.2013).

Duden Online

http://www.duden.de (Zugriff am 13.03.2013).

Duden – Wie kommt ein Wort in den Duden?

http://www.duden.de/ueber_duden/wie-kommt-ein-wort-in-den-duden (Zugriff am 18.03.2013).

Ethnologe

http://www.ethnologue.com/ (Zugriff am 27.02.2013).

Gesellschaft für deutsche Sprache

http://www.gfds.de/wir-ueber-uns/ (Zugriff am 13.03.2013).

Goethe Institut

http://www.goethe.de/ (Zugriff am 13.03.2013).

Goethe Institut Namibia

http://www.goethe.de/ins/na/win/med/de7212218.htm (Zugriff am 27.02.2013).

Głowny Urząd Statystycny (Statistisches Bundesamt Polen)

http://www.stat.gov.pl/cps/rde/xbcr/gus/Przynaleznosc_narodowo-etniczna_w_2011_NSP.pdf (Zugriff am 25.02.2013).

Hueber Wörterbuch Deutsch als Fremdsprache

http://www.amazon.de/W%C3%B6rterbuch-Deutsch-als-Fremdsprache-einsprachige/dp/3190017352/ref=sr_1_1?ie=UTF8&qid=1363687561&sr=8-1 (Zugriff am 19.03.2013).

http://shop.hueber.de/de/hueber-wb-daf-einsprachig-mittelst.html (Zugriff am 19.03.2013).

Hueber Verlag

http://www.hueber.de/deutsch-als-fremdsprache (Zugriff am 19.03.2013).

Institut für deutsche Sprache

http://www1.ids-mannheim.de/start/ (Zugriff am 13.03.2013).

Langenscheidt Powerwörterbuch Deutsch

http://www.langenscheidt.de/produkt/4358_376/Langenscheidt_Powerwoerterbuch_Deutsch-Buch/978-3-468-13110-3 (Zugriff am 18.03.2013).

Langenscheidt Taschenwörterbuch Deutsch als Fremdsprache

http://www.langenscheidt.de/produkt/4614_376/Langenscheidt_Taschenwoerterbuch_Deusch_als_Fremdsprache _Buch/978-3-468-49044-6 (Zugriff am 18.03.2013).

Ministero degli Interni

http://www1.interno.gov.it/mininterno/site/it/sezioni/servizi/legislazione/minoranze_etniche/Legge_28_agosto_1997_n.302.html (Zugriff am 17.03.2013).

Muttersprachlicher Unterricht

www.muttersprachlicher-unterricht.at (Zugriff am 05.09.2013)

Oxford Advanced Learner's Dictionary Online

http://oald8.oxfordlearnersdictionaries.com/dictionary/ask (Zugriff am 29.03.2013).

Oneness City, Poland

http://www.oneness.vu.lt/pl/lesson2/vocabulary/meble/ (Zugriff am 29.03.2013).

Österreich-Institut GmbH

http://www.oesterreichinstitut.ac.at/ (Zugriff am 3.03.2013).

Österreichischer Bundesverlag

http://www.oevb.at/sixcms/list.php?page=startseite&pfreset=true (Zugriff am 2.03.2013).

Österreichisches Wort des Jahres

http://www_oedt.kfunigraz.ac.at/oewort (Zugriff am 12.03.2013).

Österreichischer Bundesverlag

http://www.oebv.net/Wir-ueber-uns (Zugriff am 05.09.2013).

Österreichisches Wörterbuch

http://www.oebv.at/sixcms/list.php?page=suche&modul=produktdetail&isbn=3-209-07361-7 (Zugriff am 06.09.2013).

Pons Großwörterbuch Deutsch als Fremdsprache mit CD- ROM und Kompaktwörterbuch Deutsch als Fremdsprache

http://www.pons.de/daten/katalog/PONS-Katalog/index.html (Zugriff am 18.03.2013).

Pons.eu

http://de.pons.eu/dict/search/results/?q=Haus&l=dedx&ie=%E2%98%A0 (Zugriff am 18.03.2013).

Statistik Austria

http://www.statistik.at/web_de/statistiken/bevölkerung/index.html (Zugriff am 2.03.2013).

Statistisches Bundesamt

https://www.destatis.de/DE/Startseite.html (Zugriff am 4.02.2012).

Universität von Namibia

www.unam.na (Zugriff am 27.02.2013).

Unwort des Jahres

http://www.unwortdesjahres.net/ (Zugriff am 12.03.2013).

Urduden

http://www.duden.de/ueber_duden/der-urduden (Zugriff am 13.03.2013).

Verein Österreich-Kooperation

http://www.Kulturkontakt.or.at/ (Zugriff am 3.03.2013).

Verein Schweizerdeutsch

http://www.spraach.ch/index.php?id=22 (Zugriff am 05.09.2013).

WAHRIG Großwörterbuch Deutsch als Fremdsprache

http://www.amazon.de/Wahrig-Gro%C3%9Fw%C3%B6rterbuch-Deutsch-
Fremdsprache-Anwendungsbeispielen/dp/3588102373 (Zugriff am
19.03.2013).

Walser – Alps

http://www.walser-alps.eu/ (Zugriff am 25.02.2013).

Wissenmedia

http://www.wissenmedia.de/verlag/brockhaus/index.php (Zugriff am 18.03.2013).

Wort des Jahres Deutschland

http://www.gdfs.de/aktionen/wort-des-jahres/ (Zugriff am 12.03.2013).

Wort des Jahres Liechtenstein

http://www.wort.li (Zugriff am 12.03.2013).

Wort des Jahres Österreich

http://www.oedt.kfunigraz.ac.at/oewort/ (Zugriff am 12.03.2013).

Wort des Jahres Schweiz

http://chwort.ch (Zugriff am 12.03.2013).

Wort des Jahres Südtirol

http://www.wopapa.it/wopapa/default.html (Zugriff am 12.03.2013).